U0471687

# 春秋战国：百家争鸣

何薇　编著

河海大学出版社
HOHAI UNIVERSITY PRESS
·南京·

图书在版编目（CIP）数据

春秋战国 : 百家争鸣 / 何薇编著. -- 南京 : 河海大学出版社, 2021.4

ISBN 978-7-5630-6679-7

Ⅰ. ①春… Ⅱ. ①何… Ⅲ. ①中国历史—春秋战国时代—通俗读物 Ⅳ. ①K225.09

中国版本图书馆CIP数据核字(2020)第268812号

书　　名 / 春秋战国：百家争鸣
CHUNQIU ZHANGUO:BAIJIAZHENGMING
书　　号 / ISBN 978-7-5630-6679-7
责任编辑 / 毛积孝
特约校对 / 董　涛
装帧设计 / 刘昌凤
出版发行 / 河海大学出版社
地　　址 / 南京市西康路1号（邮编：210098）
电　　话 /（025）83737852（总编室）
/（025）83722833（营销部）
经　　销 / 全国新华书店
印　　刷 / 三河市华晨印务有限公司
开　　本 / 660毫米×960毫米　1/16
印　　张 / 14.25
字　　数 / 211千字
版　　次 / 2021年4月第1版
印　　次 / 2021年4月第1次印刷
定　　价 / 69.80元

# 总论

春秋战国时代，可谓是中国古代社会中最为动荡，最为变革的时代，直至今日，那个时代的政治变革、经济变革、思想变革等，都对中国社会产生了不可磨灭的影响。

公元前770年，平王东迁洛邑，拉开了春秋时期历史的大幕。首先值得一提的便是郑国。事实上，郑国在周朝初立时所分封的七十一国中是不复存在的。公元前806年，宣王的弟弟郑伯友受封于郑地，是为郑桓公，这时候郑国才建立起来。

公元前743年，郑庄公继位。他不仅平定了其弟共叔段的叛乱，还承袭了周平王的卿士之位。后来，为了维护政权平衡，周平王宠幸虢公，封虢公为卿士，以防郑庄公一家独大。于是，周、郑两国之间发生了矛盾，为了打消郑庄公的疑虑，周郑交质缓和紧张局势。公元前707年，周桓王罢免了郑庄公的卿士一职。郑庄公自是拒绝入朝拜见。同年秋季，桓王先发制人，率领蔡、虢、卫等国联军征讨郑国。两军在繻葛对峙，史称“繻葛之战”。郑国军队大败周朝军队。自此，周王室的权威一落千丈。这场战争也成就了郑国在春秋初年的霸主地位，史称“庄公小霸”。

王权的衰微让社会长期积累的各种矛盾相继爆发。各诸侯国都开始觊觎周王的国君之位。至此，西周以来建立的宗法体系开始崩塌，各诸侯国开始不按照嫡子继承制运转。如卫国的庶子州吁通过政变当上了卫国国君，之后又被臣下石碏杀害等等。

此外，一些较大的诸侯国开始不断地进行兼并战争，逐渐形成了诸侯争霸的局面。最先争霸的便是齐桓公，此后有宋襄公、晋文公、秦穆公、楚庄王。历史上也将其称为“春秋五霸”。

齐桓公在位时，任用管仲为相，改革内政；进行军制改革，增强齐国的军事战斗力；还打着“尊王攘夷”的口号发展齐国势力。他先后兼并了三十多个诸侯国，并且多次组织诸侯会盟。公元前655年，齐桓公在葵丘举行诸侯会盟，甚至于连周天子也派代表参加了会盟，这标志着齐桓公霸主地位的正式确立。

宋襄公在位时，虽然宋国国力不强，但他一直都有称霸之心。恰逢齐桓公去世，公子昭前来投奔宋国。他便想趁机夺了被齐国霸占许久的中原霸主之位。于是，他邀请了各诸侯前来会盟。奈何只有少数的小诸侯国前来参会，大的诸侯国根本不理睬他。特别是楚国，显得尤为傲慢。后来，在与楚国的作战中，他坚持自己的仁义理论，要师出有名，做仁义之师。错过了与楚国作战的最佳时机，结果导致自己惨败而终。

公元前636年，在外整整流亡了十九年的重耳回到晋国，史称晋文公。晋文公在一众忠臣良将的辅佐下，不仅平息了内乱，还大力革新弊政，使得晋国日益富强起来。后来，在城濮之战中，大败楚国。当时，晋文公在践土召开会盟，周王室派遣王子虎前来参加。晋文公被封为侯伯，正式确立了其霸主地位。

公元前659年，秦穆公即位。他任用百里奚、蹇叔等人，使秦国从一个偏远落后的小国变成了有能力去逐鹿中原的大国。公元前624年，在与晋国的作战中，秦军大获全胜。各诸侯国争先恐后前来进贡，前前后后有二十多个部落归顺秦国，甚至连周襄王也派人前来向秦穆公祝贺。

再来说说楚国，楚庄王真的可谓“不鸣则已，一鸣惊人”的最佳代表。他即位后，曾三年不上朝，但并没有因此荒废朝政，只是暗中蓄力，等待时机。之后不仅积极整顿内政，提拔了一批德才兼备的官员，还制定新法，整顿兵马。在他即位的仅仅几年间，楚国便先后征服了多个小诸侯国，甚至还大败宋国及北边的戎族等。

之后，便是吴王夫差与越王勾践的吴越争霸。最后，勾践在卧薪尝胆的努力下，在范蠡、文种等人的辅佐下，终是灭了吴国，成为春秋时期的最后一位霸主。此时，春秋时期已接近尾声。

公元前403年，最终失势的周天子答应了韩、赵、魏的要求，封了他们的君主为诸侯，史称为“三家分晋”。自此，韩、赵、魏三国与西周初年的封国，即秦、齐、楚、燕四个大国，开启了一个新的时代，即战国时代，这几个国家当时合称为“战国七雄”。

首先说魏国。魏文侯在位时深知国家要强盛，不仅仅需要君主有贤德，还必须要有贤德的臣子来辅佐。他任用李悝、魏成、西门豹等人，在魏国进行全方面的改革，让魏国获得了飞速发展，综合国力日益增强，成为战国初期称霸一方的强国。

其次是楚国。公元前382年，楚悼王任命吴起为令尹，着手进行楚国变法一事。但可惜的是吴起死后，他的变法也就告一段落。究其原因还在于，楚国的旧贵族势力过于庞大，他们把持楚国的军政大权。楚国也因这一原因一直不温不火。

再者是韩国。事实上，韩国在战国诸侯国中实力并不强。韩昭侯在位时，一直希望通过改革达到富国强民之目的。公元前355年，他任命申不害为相，开始了大刀阔斧的改革。不仅有效整治了国内的官吏风气，还大大加强了君主对权力的集中掌握。但和其他诸侯国的深度改革相比较来说，这又是微乎其微的，韩国依旧处于弱小的位置。

齐威王在位时，在淳于髡、邹忌、田忌、孙膑等人的辅佐下，一改昔日享乐的作风，励精图治，使得齐国国势日益增强。特别是与魏国在桂陵、马陵的两次交锋，大败魏国，一战成名，成为不可忽视的强国之一。

公元前311年，在赵武灵王和秦惠王的帮助下，燕公子职回国继承王位，史称燕昭王。他在位时，是燕国的强盛时期。设立金台招贤，广收天下贤士为己用。后来，他以乐毅为帅，联合五国联军攻打齐国，一洗当年灭国之耻，这又是何等的传奇之举。

公元前325年，赵武灵王继位。他颁布了穿胡服、习骑马射箭的命令，为赵国组建了一支精良部队，让赵国的军事实力大大增强，也成为战国后期仅有的能抗衡秦国之师的国家。

最后是秦国。公元前356年，秦孝公任命商鞅为左庶长，正式着手秦国变法之事。最后商鞅虽死，但他所施行的变法早已深入人心。秦国的国力也因商鞅变法有了质的飞跃，为之后的一统六国打下了基础。直至嬴政继位，在李斯、白起、王翦等人的辅佐下，以连横之术破了六国的合纵之术，最终一统六国。

当然，春秋战国时期，在文化思想领域中，也呈现了丰富多彩、百家争鸣的局面，如孔子、老子、韩非、孟子、庄子、墨子、孙武、扁鹊等人，他们在各领域的成就至今都影响深远。

# 目录

## 春秋篇：东周名存实亡

### 诸侯兴起

目录

目录

目录

# 目录

目录

## 诸子百家 大放异彩

# 春秋篇：

# 东周名存实亡　诸侯兴起

# 周平王东迁

公元前782年，周幽王即位。幽王昏庸无道，宠幸褒姒。废了王后申氏及太子宜臼，改立褒姒为后，还以褒姒之子伯服为太子。甚至为博褒姒一笑，不惜“烽火戏诸侯”。当时，周朝先祖在骊山上修建了多座烽火台。若镐京危难，点起烽火，各路诸侯必定会火速前来救援。

不久，镐京真的遭到了西戎等游牧民族的进攻。当时，申侯即原王后的父亲，因受幽王排挤，与西戎等部联合，发动了这场灭周之战。幽王见大事不妙，立即派人点燃烽火。然而此时，诸侯们以为这又是一场帝王的游戏，故皆按兵不动，只有郑桓公前来救援。公元前771年，镐京沦陷，幽王在骊山脚下被杀，郑桓公也未能幸免。废太子宜臼在外祖父申侯和各路诸侯的拥立下，成为天下之主，是为周平王。

然而，经此一役，西戎诸部对周王室的财富垂涎不已，更是时不时派兵前来骚扰、抢掠京畿地区。

先前，郑国之地居于京畿之内。郑桓公见周王室衰微，为谋求后路，问计于太史伯。太史伯建议桓公向洛河之东，黄河、济水之南迁移。桓公采纳了他的提议，后来便带领着国人向东迁徙至雒东之地。没有了郑国这一层屏障，镐京对于西戎部族如同“板上肉”。桓公战死，他的儿子掘突继位，是为武公。郑武公率领着郑国大军昼夜不停赶往镐京，抗击西戎部族。不久，秦襄公、晋文公、卫武公也相继派兵而来。

然而，战火的洗礼已令镐京满目疮痍，到处都是残垣断壁。面对西北部族的骚扰、旧都的残破，疲于奔命的周平王萌发了东迁的念头。起初，周公、召公就曾对洛邑城进行修整。可以说，洛邑完全具备成为新都的各类基础设施和条件。于是，在秦、晋、卫、郑四国军队的护送下，周平王率王室贵族安全迁都洛邑。而平王也因勤王之功，对诸侯国大加封赏。秦襄公因此位列诸侯。

至此，随着平王东迁，东周王朝正式登上历史舞台。但实际上这一时期已经埋藏着诸侯坐大的伏笔，所以这之后，东周又被分为“春秋”和“战国”两个时期。

# 二王并立

骊山一战，周幽王被西戎部族所杀，在参与叛乱的外祖父申侯的拥护下，废太子宜臼成为周朝天子。然而，在部分诸侯朝臣的眼中，平王的天子之位，沾满了其父亲幽王的鲜血。在这个注重礼法的社会中，这种行为是十分不为世人所接受的。故而，在宜臼继位的同时，在携地，朝臣虢公翰等人拥立了周幽王的弟弟余臣为天子，是为周携王。

于是，周朝出现了“二王并存”的局面。但事实上，二王间实力是存在一定悬殊的。当时，周平王的天子之位得到了晋、卫、郑等诸侯国的承认，遂成了名正言顺，而携王势力则较为单薄，几乎无人认可。后来，镐京屡遭西戎部族侵扰，平王被迫东迁至洛邑。王室的衰落使平王始终未能分出心来解决周王室的内部分裂问题。

直到公元前750年，晋文侯主动请缨，讨伐携王之众。当时，晋文侯对平王言道：“携王虽然是周氏子嗣，但并未得各诸侯国承认，这种自立为太子的行径实属谋逆，应当严惩。”于是，还未等平王批准，晋文侯便自作主张讨伐携王。携王毫无准备，率众慌忙应战。最终，晋军所向披靡，攻破城池。携王自刎而死。事实上，周携王深知平王是尚无实力前来进攻的。令他始料未及的是，一个诸侯国君竟然能够跳过周天子的批准，直接发兵攻打。后来，晋文侯将城中宝物全都收入囊中，搬回了晋国。

至此，二王并立的局面正式结束，周平王形式上获得了一统的权力。然而，现实总是事与愿违。携王被杀，周王室的衰弱暴露得更加淋漓尽致，东周的混乱政局也随之拉开了帷幕。

## 曲沃代晋

曲沃桓叔被分封时已经五十多岁，在民间和朝堂都很有威望。他到了曲沃后，广施恩泽，表现出很有德行的样子，所以获得了人民的拥戴，史书记载“晋国之众皆附焉”，很快，曲沃就成了晋国的第二个中心。这时，桓叔的野心开始暴露，不断挑战晋国的大宗的权威，妄图取而代之。

昭侯七年，晋国大臣潘父杀了昭侯，想迎接曲沃桓叔进都城称王。但是对经历过殇叔之乱的晋国人来说，他们对这种王位争夺的行为深恶痛绝，所以他们起兵反抗，将桓叔赶回曲沃，然后杀了潘父，立昭侯之子平为晋君，是为晋孝侯。

没过多久，曲沃桓叔便在遗憾和不甘中死去，他的儿子鲜（亦名鳝）继立，史称曲沃庄伯。庄伯继承父亲的遗愿，继续为取代晋侯而努力。他们这一代的斗争不像前一代那样默默较劲，而是摆在明面上更为激烈的争夺。六年后，曲沃庄伯又派人在晋都城杀了晋孝侯，但是晋国人在荀国等诸侯的帮助下，击退庄伯，又将他逼回曲沃。接着晋人立孝侯的弟弟郤为王，是为鄂侯。

又过了几年，曲沃庄伯想到了个好方法：贿赂周王室，联合郑国、邢国一起讨伐晋国大宗。这一战，晋鄂侯失败，只能逃往随邑。不过后面曲沃庄伯又背叛了周王室，于是周王室调转矛头，派虢公带兵帮助晋鄂侯讨伐曲沃庄伯，庄伯再次失败，返回曲沃。周王室立鄂侯儿子公子光为君，是为晋哀侯。这次，曲沃庄伯虽然失败了，但是却重挫了大宗的势力。庄伯回曲沃没多久，就心怀忧愤而死，他的儿子公子称继位，是为曲沃武公。

曲沃武公背负着父亲和爷爷的希望，发誓一定要取代大宗，称为晋国新的王。过了几年，曲沃武公联合被晋哀侯侵犯的陉廷一起攻打晋大宗。这场战役大获全胜，还成功俘虏并杀了晋哀侯。然而晋国人依旧不同意他继位，拥立晋哀侯之子小子为君，是为小子侯。这一次，曲沃武公虽然失败，但是在晋国国内已经掌握了主动权，并不再听晋侯号令。

五年后，曲沃武公抓住一个时机，诱杀了晋小子侯，而这时的晋人已经没有什么力量再抵抗武公了。然而，周桓王对于小宗灭杀大宗的行为很生气，于是出兵帮助晋大宗，将曲沃武公赶回老家，立晋哀侯弟缗为新任晋侯。

曲沃武公在曲沃蛰伏二十八年后，又一次向大宗发起攻击，取得胜利后，为了防止晋人反抗的事情发生，将晋侯缗及他的后裔全部杀害。并且，吸取了上次失败的教训，他用抢掠来的奇珍异宝贿赂周王室。这一次收了好处的周王室，不但没有出兵帮助大宗，反而册封曲沃武公为晋国国君，列为诸侯，故曲沃武公又曰晋武公。

曲沃一系历时六十七年，祖孙三代，终于灭了大宗，代晋为诸侯。他的成功是天下诸侯摆脱周礼传统宗法制度束缚的开端。

## 庄公小霸：郑伯克段于鄢

事实上，郑国并不在周初立时所分封的七十一国之列。直至周宣王二十二年（前806），宣王的弟弟郑伯友受封于郑地，即镐京附近，是为郑桓公，郑国才得以正式立国。桓公在位三十三年，备受郑地百姓拥戴。

后来，幽王倒行逆施，桓公决议带领郑国国民从关中之地向东迁至洛水以东，黄河以南的中原之地。当时，虢国、郐国国君贪得无厌，导致百姓离心。直至武公继位，郑国先后灭掉了虢国、郐国，逐步扩大了自己的统治范围。加之当年平王东迁，郑武公因勤王之功，被封为周氏王朝的卿士。于是，他便开始利用这得天独厚的权力着力壮大自己的封地。当时，商人早先占据此地。他们高超的经商头脑，让这里经济颇为发达。武公看到了商人的作用，积极鼓励从关中迁入中原的郑人与当地的商人和睦相处。经过桓公、武公两代的苦心经营，郑国实力逐渐增。

郑武公二十七年（前744），武公病重，夫人武姜向武公请求，立共叔段为太子。武公并未答应，仍旧依据嫡长子继承制，由长子寤生继位，是为郑庄公。当时，武姜生寤生时难产，而生共叔段时顺产，故十分厌恶寤生，而独爱共叔段。郑庄公元年（前743），武姜请求将京邑之地赐封给共叔段。大夫祭仲说："京邑乃是新筑之城，城墙皆高于都城，把如此之城封给您的弟弟，恐怕对您会有所不利啊。"庄公无奈，回道："母亲想要这样，我又有何可说呢。"祭仲又谏言道："若不能尽早遏制，任由其滋长蔓延，只怕是会后患无穷啊。那些肆意生长的野草尚不能除尽，更何况是您备受恩宠的兄弟呢？”但庄公深知这尚不足以成为讨伐的理由，遂言道：“多行不义必自毙。”

果然，共叔段在京邑之地积极扩展自己的势力。他先是将原属郑国的西边、北边之城囊括至自己的统治范围。然后又暗自修整城池，招募百姓为士兵，筹备盔甲武器、兵马战车。

公元前722年，共叔段以母亲武姜为内应，发动兵变，突袭郑都。庄公听闻共叔段造反，对众大夫言道：“是时候清理内患了。”当时，共叔段举兵突袭，其大本营京邑不仅兵力不足，且民心不稳。于是，庄公趁机命子封带领二百骑兵讨伐京邑。共叔段的兵变行为本就未得民心，京邑百姓纷纷投靠庄公。最终，共叔段战败，逃至鄢城。庄公又派兵追至鄢城。鄢城百姓听闻大军将至，纷纷逃亡。共叔段遂又逃亡到了卫国共地。

平叛了共叔段之乱后，庄公对母亲武姜心灰意冷，遂将其软禁在城颍，并立下誓言道：“不到黄泉，永不相见。”可一年之后，庄公便开始思念母亲。又不能违背誓言，遂十分苦恼。当时，官吏颍考叔听闻了此事。他向庄公献计道：“只要在地下挖出泉水来，然后您与母亲借由此条通道相见，这不仅没有违背您的誓言，也满足了您的心愿，这不是一举两得吗？”庄公听了，深以为然。于是，庄公与母亲武姜在地道中相见了。武姜感慨万分，悔悟当初。至此，母子二人重归于好。

## 庄公小霸：周郑交质

当年，共叔段叛乱，战败后逃至卫国。郑庄公未经周平王同意，擅自发兵攻打卫国。那时，郑武公位居卿士，不仅在朝堂上位高权重，而且所管辖的郑地也日益强盛。

可是，他无视王权的行为，引起了周平王的极度不满。为了维护政权平衡，周平王决定宠幸虢公，封虢公为卿士，以防郑庄公“一家独大”。郑庄公得知此消息后，心里很不是滋味。为了打消郑庄公的疑虑，周平王派出使臣前往郑国，提出以交换质子之法，来增进双方的感情，即将平王之子狐送往郑国为人质，将郑庄公之子忽送到周都城为人质。

平王五十一年（前720），周平王去世。由于，长子姬泄英年早逝，故改立他的儿子姬林继位，是为周桓王。初登王位的桓王秉承平王遗志，又开始了削夺诸侯王权的谋划。郑庄公知道后派出军队，先是悄悄地将周王室在温邑之地的麦子都收割了，之后又秘密的将成周之地的稻谷也都收割了。自此，双方间互埋下了仇恨的种子。

质子交换多是发生在各诸侯内部，为了维护两国的和平而采取的外交政策。而作为天下之主的周天子主动提议与诸侯相约此法，着实让人哗然。足见当时周王权的衰落，各诸侯势力的崛起。

## 庄公小霸：𦈡葛之战

桓王继位后，打算继续实施削弱郑庄公权力的计划，将庄公手中的权力分一部分到宠臣虢公手中。

桓王三年（前717），郑庄公来朝觐见。当时，桓王对郑国偷割王室田地一事极为不满，便故意未按礼法接见他。桓王的无礼相待让庄公耿耿于怀，逐渐心生怨恨。于是，桓王五年（前715），他故意与鲁国交换了靠近许国的鲁国之地。当时，许国田地多是天子用来祭祀泰山的专用田。这无疑是对王室权威的公然挑战。同年，桓王任命虢公为卿士，明确宣告了对郑庄公之权的打压。

桓王十三年（前707），桓王免去了郑庄公的卿士一职，郑庄公自此拒绝入朝拜见。同年秋季，桓王又先发制人，率领蔡、虢、卫等国联军征讨郑国。当时，周军大营一分为三。由桓王亲率中军；虢公率领右军，兼统蔡、卫两国之军；周公黑肩则率领左军，兼统陈国之军。与此同时，郑军也一分为三。两军在𦈡葛对峙，因此，此次战役被称为“𦈡葛之战”。

当时，陈军因自身国内动荡，毫无斗志，而蔡、卫两国之军本身实力就不强。于是，庄公以大夫子元的提议，先进攻周军的左、右薄弱两军，之后再集中兵力进攻周中军。此外，在具体的对阵中，以大夫曼伯统帅的右军进攻周军的左军，以大夫祭足统帅的左军进攻周军的右军。之后，庄公又以五人为单位，填补在各个战车的空隙间，让士兵与战车能够相互掩护。

郑国大军挥旗敲鼓，向周军发动猛烈冲击。蔡、卫、陈等国大军不堪一击，四散而逃。随后，庄公再以左、右两军，配合大夫原繁、高渠弥统帅的中军，集中优势兵力，进攻桓王中军。

适时，郑将祝聃一箭射中了桓王手臂，遂向庄公请求乘胜追击。郑庄公阻止道："欺辱长者尚会遭到各方责怪，更何况是侮辱天子呢？我只要能够在朝堂中获得公平的对待，让江山社稷没有损害，就可以了。"于是，郑军停下了追击，桓王才得以脱险。当天夜间，庄公甚至还派出使臣祭仲前往王室大营，问候周天子伤情。

总的来说，繻葛之战，郑军大败周军。自此，周王室的权威一落千丈。

# 春秋初霸

郑庄公是一个颇有城府又非常有才能的诸侯王，在解决了弟弟州吁的问题后，他便一直在思考，要如何使郑国更加强大，成一方霸主。

当时的郑国地处南北东西的交往中心，北有周、卫国、晋国，南有陈国、蔡国、楚国，东有宋国、曹国、鲁国、齐国，西有秦国等国家，地理优势非常明显，所以郑国商业十分发达。于是郑庄公采取“重农兴商”的策略，在地理环境优越的基础上，为商人提供了宽松的政策环境和稳定的社会环境，积极发展社会经济。人民越来越富足的同时，本国的经济实力也得到了增强。

不过，郑庄公发现要使国家强盛，除了国富民强、经济繁荣以外，还需要广阔的领土。郑国的领土显然还不够大，所以需要对外扩张。

春秋初期，小诸侯国众多，外交关系很是复杂。他研究了一下当时的政治格局，发现对外扩张是可以实现的。郑国东边的两个大国是齐国和鲁国，但是两国之间积怨已久，多年交战。齐国现在的国君齐襄公是个无能之辈，不足为惧，所以东边不会有什么阻碍。南边的大国只有一个楚国，不过楚国正努力向南边拓展领土，目前还没有北上的意思，所以也不用太担心。西边的强国秦，正陷入与犬戎的战事中，意图赶走犬戎，向西扩张。西北边的晋国正陷入内乱中，他们内乱一日不平，就一日抽不出身来顾及其他。这真是天时地利人和。

当然，强国之路上也是有一些难题的，郑国周边有两个邻国：卫国和宋国。郑国与这两国的关系非常不好，随时可能爆发战争。如果郑国此时抽调精锐部队出去，这两国很可能会乘虚而入。如果这两国结盟，就更糟糕了，那样郑国就会陷入两面夹击的被动中，很难抵抗。不解决这个问题，郑庄公就无法实现自己的宏图霸业。

经过研究，郑庄公决定采用结上制下、远交近攻的外交方式。

此时，周王室虽然已经和普通诸侯国没什么区别了，只是仍旧是名义上天下的主人，在诸侯中还是有一定的号召力的。郑国又是连着几代被封为卿士，为周辅政，权力很大。所以郑庄公就打着周天子的旗号，为自己树立正义的牌子，讨伐那些对郑国发展构成威胁或障碍的国家，清除郑国前进道路上的障碍，这就是“结上制下”。但是光靠郑国一家的力量，是无法制服宋、卫两国的。于是，郑庄公就采用了“远交近攻”的策略，以周王室卿士的身份邀请鲁国、郕国、齐国结成联盟攻打宋、卫两国。经过多次战役，大败宋国，卫国见形势如此，也只能向郑国求和，周边不少小国家也纷纷归附郑国。

自此之后，郑庄公中原霸主的地位得以确立，但终其一生，也没有逾越自己的身份，没有称王，所以又称春秋小霸。郑庄公死后，他的儿子们争权夺位，使郑国陷入三十多年的混乱中，最终导致了郑国的衰落。

## 州吁恃宠而骄

卫国国君卫庄公的妻子是齐国的公主，名叫庄姜。她长相美丽，庄公很是喜欢，可是结婚数年，却一直都未怀有子嗣。虽然如此，卫国的百姓仍然敬重她，诗经中的《硕人》所描绘的就是当年庄姜出嫁卫庄公的盛况。

虽然庄姜拥有绝世的美貌和人民的支持，但是庄公还是另娶了，娶的是陈国的女子，名叫厉妫。不久，厉妫为庄公生下一个儿子，名叫孝伯，但是孝伯不幸早夭。厉妫有一个妹妹叫戴妫，是跟随姐姐一起陪嫁过来的，也一同被庄公收入后宫。戴妫同样也为庄公生下了一个儿子，取名姬完。姬完小时候非常聪明伶俐，又很懂事，庄姜很喜欢他，对待他像对待自己的亲儿子一样。等到立嗣时，庄姜便建议庄公立姬完为太子，庄公采纳了她的建议。

庄公除了拥有三位妻子外，还有一些姬妾。其中两个妾室也为庄公生下了两个儿子，分别是姬晋和州吁。这些儿子中，庄公最为疼爱的，就是三儿子州吁。本来，父亲疼爱孩子，是没什么问题的，但是过犹不及。庄公对州吁的宠爱就是有一些太过了，什么要求都满足，而且对于不合理的行为也不加以制止。比如，州吁精力比较旺盛，喜欢那些打打杀杀的事情，所以整天都在摆弄武器，性格也变得蛮横无理又暴躁异常。庄姜对此很不喜欢，就跟庄公提意见，然而庄公并不以为意，依旧放纵州吁不加管教，州吁因此更加肆无忌惮，变本加厉。

卫国有一个大夫叫石碏，行事作风很为人称道。他看到庄公骄纵州吁，便对庄公规劝道："您喜欢第三子，就应该用规矩道义来教育他，使他知礼、懂法、明是非，才不至于走上邪路。骄奢淫逸是走上邪路的开始，如果四种行为都占全了，一定是父母溺爱太过的结果。您要是想立州吁为储君，就应该及早地定下来，如果迟迟不定，便会酿出祸端。”但是庄公觉得州吁只是个孩子，石碏说得太夸张了，便没有当一回事。

石碏的儿子石厚和州吁关系很好，经常在一起玩，养成了骄奢淫逸的毛病，所以石碏禁止石厚与州吁交往，但是石厚却不听。等到卫庄公去世，他的儿子太子姬完即位，是为卫桓公，石碏便以年事已高为由辞掉官职，回老家去了。

## 州吁弑兄篡位

卫庄公病逝，太子姬完继位，史称卫桓公。卫桓公性格软弱，根本约束不了他的弟弟州吁，于是州吁越发嚣张跋扈，更加不把卫桓公放在眼里。

没过几年，就发生了郑庄公“克段于鄢”的事情，州吁知道后开始担心起来。因为他和卫桓公的关系就和郑庄公和共叔段一样，所以他担心自己也会像共叔段一样，被卫桓公清理掉。他的好友石厚给他出主意：“与其担惊受怕，不如先下手为强。”正巧，周平王去世，卫桓公作为诸侯王，需要前去洛邑吊唁。于是州吁便在卫桓公的途中设宴，想以送行为名刺杀他。

州吁在行馆设下宴席，又让石厚带领五百甲士埋伏在行馆周围。等一切布置妥当后，州吁亲自驾车去迎接卫桓公。整个宴席上，州吁对卫桓公都表现得很恭敬，这让卫桓公有点受宠若惊。他接过州吁亲手奉上的酒，一饮而尽。然后亲自斟酒给州吁，州吁赶忙双手去接，但是却假装失手，让杯子掉在了地上。桓公只当是弟弟不小心为之，捡起杯子亲自洗涤，再次倒上美酒。没想到州吁利用桓公倒酒分神的间隙，抽出随身的佩剑，将其杀害。

此时石厚带着五百甲士现身，控制住随行的人员，众人见桓公已死，大局已定，所以也只能屈服。州吁对外宣称桓公暴毙，而后自立为王，又封石厚为上大夫，从此过上了纸醉金迷的生活。

但是纸包不住火，州吁弑兄的事情很快就败露了。百姓和大臣对他们的行径很是愤怒，州吁眼看位置越来越坐不稳了，他又生一计。宋国的宋穆公的王位是哥哥宋宣公传给他的，等到哥哥的儿子大了，他便将王位还给了宋宣公的儿子宋殇公，又将自己的儿子公子冯送到郑国去。当年，郑国共叔段的儿子公孙滑逃到卫国，欺骗卫国国君对郑国出兵，使两国结下了仇怨。州吁就想借此机会，报复郑国，转移国内注意力，安定人心。于是他在宋殇公面前挑拨离间，表示公子冯会肯定会威胁到他的统治，应该尽早除去，而他卫国愿意助一臂之力，讨伐郑国。此时陈国、蔡国正与卫国交好，所以宋殇公带领三国的军队进攻郑国，很快便占领了郑国都城的东门，五天以后才回去。

鲁国的鲁隐公问自己的大臣："州吁能成功吗？"大臣表示，只听说过用以德服人，还没听说过用乱服人的呢，乱只会生乱罢了。州吁又暴力又残忍，迟早会众叛亲离。现在他的行为就如同玩火自焚。

这年秋天，诸侯联军又一次进攻郑国，打败了郑国步兵，割了当地的麦子才回来。州吁多次兴兵，消耗了大量人力物力，使得国内民不聊生，民怨沸腾，虽然在和郑国的战役里胜利了，却依旧没有获得百姓的拥戴，也没有获得别的诸侯认可。

## 石碏大义灭亲

州吁打郑国，没有实现自己的目标，反而让自己的处境更加艰难，这让他头疼不已。石厚想了个办法，他的父亲石碏是非常有才能的人，曾经也是国之重臣，很为大家尊敬，他一定能有安定百姓的方法。州吁也认为石厚的想法不错，于是准备白璧一双、白粟五百钟请石碏还朝辅政，石碏以年事已高体弱多病为由拒绝了邀请并退回了礼物。州吁无奈，只好让石厚亲自去请教父亲，希望石碏能念在父子亲情上，帮他一把。

虽然石厚是他的亲儿子，但石碏早就对州吁和石厚的所作所为深恶痛绝，不希望国家毁在这两个人的手中。这次石厚来找他，他决定将计就计，为国家和人民除掉这两个乱臣贼子。于是他对石厚说："每一位诸侯国的国君都要得到周王室的认可，才能为正统。如果州吁这个王位能得到周王室的亲自分封，不就名正言顺了吗。"

石厚非常开心，带着这一条计策回去见州吁，两人努力了许久，发现虽然现在周王室衰微，但毕竟还是名义上的天下之主，所以他们一个小小的卫国诸侯，尤其是州吁得王位还名不正言不顺，想见到周王，实在是太难了。石厚不得已，只能再次询问石碏，如何能见周天子。石碏告诉他们，周天子现在宠信陈桓公，所以要见周天子，可以找他帮忙。现在陈、卫两国关系这么好，他们一定愿意帮忙的。

石厚把石碏的建议说与州吁听，州吁立刻命人准备礼物，带上石厚亲自前往拜访陈国。路上两人做着天下尽入自己囊中的美梦。然而没想到的是，石碏早已修书给陈国，希望陈国能帮助他除掉卫国这两个祸害。被州吁杀害的卫桓公正是陈国女子所生，所以陈国国君早就对州吁、石厚两人痛恨不已，此次石碏设计除去此二人，陈桓公立即派人配合，当两人一抵达陈国，便被人抓了起来。

九月，卫国派右宰丑在陈国的濮地杀了州吁，本来，卫国念在石碏护国有功，是打算对石厚从轻发落的，但石碏坚决不同意，派管家獳羊肩在陈国杀了石厚。石碏这“大义灭亲”的举动受到天下人的赞赏与崇敬。

接着，卫国派人去邢国将公子晋接回，继承国君之位，是为卫宣公。这便是《春秋》里说的“卫人立晋”。

# 宋国的内忧外患

公元前729年，宋宣公病重，他舍弃自己的亲生儿子，即当时的太子与夷，欲将王位传给弟弟公子和，他说："王位传承，父死子继、兄终弟及都是天经地义的事情，所以我要将王位传给弟弟。"公子和再三推辞，宋宣公依旧坚持传位给他，他只好接受君位，是为宋穆公。

宋穆公九年，得了重病，召大司马孔父嘉前来，对他说："我哥哥宣公放弃传位给他的儿子，而将王位传给我，这份恩情，我不敢忘记。所以我死后，一定要将王位传给宣公的儿子与夷。"孔父嘉说："大家都希望能立您的儿子公子冯为王。"宋穆公说："不要立公子冯，我不能对不起宋宣公。"于是宋穆公将公子冯送到郑国去，为与夷继位扫平障碍。没过多久，穆公病逝，与夷继位，是为宋殇公。

宋殇公继位后，郑国想将公子冯送回宋国。正好碰上卫国州吁篡位，州吁开始挑拨离间，表示公子冯会犯上作乱，郑国也会帮着他，让宋殇公带着陈国、蔡国与卫国一起攻打郑国，这次的战争胜利了，但是宋国与郑国的仇怨也结下了。

宋殇公二年，宋国又发兵郑国，掠夺郑国的土地。郑国势单力薄，便向郑国求助。郑国欲报之前的兵败围城之仇，于是集结了周王室的军队和郑国的军队一起，与郑国军队相会，前去伐宋。很快，联军便攻入宋的外城。宋国慌忙去向鲁国求援，鲁隐公询问使者，郑国联军到什么地方了，使者却欺骗鲁隐公，说军队还未到都城，隐公知道实情后，对使者欺骗一事非常愤怒，便拒绝出兵帮助。这一战，宋国吃了很大的亏。

同年十二月，宋殇公又组织起军队，进攻郑国，包围了长葛，以报上一战之仇。过了三年，郑又以宋殇公不去朝见周桓王为由，起兵讨伐宋。又过了一年，鲁国联合齐国、郑国与宋开战，并且在菅地打败宋军。同年七月，由于郑国的军队停留在鲁国的远郊，宋国、卫国联合，趁此机会举兵攻进郑国，又联合蔡军攻打戴地。八月，由于宋、卫、蔡三国军队不和，而被郑国击败。九月，郑庄公率军攻进宋国。宋殇公八年，郑庄公又带着虢国的军队攻打宋国，把宋军打得大败。

宋殇公在位期间，宋与郑交战达十一次，此外还与别的国家有摩擦。连年征战使得国力衰退，无法好好发展生产，也引得国内百姓生活困难，非常不满。

宋国当时的太宰叫华督，与公子冯私交很好。他想结束这场战争，因为公子冯一直在郑国，所以想要联合公子冯一起化解两国矛盾。但是这一想法遭到宋殇公和大司马孔父嘉的极力反对。

孔父嘉辅佐宋国两代君王，位高权重，但其政见与华督常常不和，华督很多想法无法施展。而孔父嘉也成为华督追逐权力路上的最大的绊脚石，所以华督开始谋划除掉孔父嘉。

# 华督夺权

孔父嘉的妻子魏氏非常貌美，华督一直未曾见过。有一次，魏氏归宁省墓，路上偶遇了华督。华督被魏氏的美貌所吸引，回头从后面盯着她远去。回家后，华督妒火中烧，孔父嘉既享有大王的恩宠，又有美人在怀，怎么天下的好事都给他占尽了呢。于是他开始盘算如何消灭孔父嘉，抢走魏氏。

宋殇公继位以来，一直战争不断，百姓苦不堪言。孔父嘉是宋殇公最信赖的大臣，又是前任宋主的托孤之臣。华督利用宋战败的时机，在国内散布谣言。说殇公继位十年，却有十一战，这全部都是孔父嘉挑唆的结果。现在如果想要过安宁的日子，摆脱战乱之苦，只有杀了这个挑唆之人。面对这些流言蜚语，孔父嘉不为所动，认为清者自清，坦然面对舆论指责，百姓见状，开始犹豫了，华督一时间也没有什么办法。

没过多久，郑国又联合了其他诸侯国一起来攻打宋国，宋国的百姓陷入了恐慌中，此时华督加大散布谣言的力度，说不杀孔父嘉，国难平，民难安。接着，他带着情绪激动的民众冲入孔父嘉的家中，将还没反应过来的孔父嘉一刀砍死，然后进入内宅，掳走魏氏，据为己有。

宋殇公听闻孔父嘉惨死，大怒，要为孔父嘉主持公道。华督害怕遭到殇公诛杀，于是发动政变，杀死了宋殇公。接着将居于郑国的公子冯迎回来，立为宋国的新王，即宋庄公。

公子冯在郑国居住多年，与郑交好，所以他做宋国国君，郑国是非常支持的。但是他的王位得来的方式并非正途，所以，其他诸侯国对此均表示异议。华督便准备了厚礼，送给这些诸侯国。这些国君接受了贿赂，再加上强大的郑国为宋庄公撑腰，也就不再发表什么意见了。宋庄公为了感谢华督，任命他为国相。

在此后的两百多年时间里，华氏家族逐渐掌控了宋国朝政，宋国王族反而被架空了权力。

# 郑子产“铸刑鼎”

春秋时期，众多诸侯国对刑律都是不公开的。在他们看来，只有将刑罚隐蔽起来，才能让百姓谨言慎行，维护国君统治的稳定。公元前536年，子产在郑国“铸刑鼎”。这种行为被学者认为是开启了中国古代公布成文法的先例。

此前，夏朝有违犯政令的人，统治者便制定禹刑；商朝有触犯政令的人，统治者就制定汤刑；周朝有触犯政令的人，统治者就制定了九刑。子产便是在这些基础上编订了三种刑罚规则，将其铸在鼎上，向全国百姓广而告之，以达到秉公执法的目的。

昭公二十年，子产病重。他对太叔说：“我死了以后，您肯定会执政。您要知道，只有有德行的人，才能够用宽和的方法使民众服从，差一等的人不如用严厉的方法。火的特点是猛烈，百姓一看见就会害怕，所以很少有人会死在火里；水的特点是柔弱，百姓常常轻视它，因此会有很多人死在了水里。因此，想要施以宽和之政是一件很难办到的事儿。”

没过几个月，子产便病逝了。后来太叔执政，由于不忍严厉执政，而采用宽和的态度施政。这导致郑国出现了很多的盗贼，他们聚集在一个叫萑苻的地方，无恶不作。太叔很是后悔，若是早听子产的话，国家也不会至于此。于是，他下定决心严厉执政，便派出兵马前去攻打萑苻的盗贼。最后，这里的盗贼都被斩杀，从而全国各地的盗贼才有所收敛。

事实上，孔子对子产的评价很高。他曾说：“施政宽和，百姓就怠慢，百姓怠慢就用严厉措施来纠正；施政严厉，百姓就会受到伤害，百姓受到伤害就用宽和的方法。宽和用来调节严厉，严厉用来调节宽和，政事因此而和谐。”等到子产去世，孔子听闻此消息后，流着泪，自言自语道：“他是古代传下来的有仁爱的人。”

# 楚国熊通称王

熊通本是春秋时期楚国国君霄敖的次子。公元前741年，他的哥哥、时任楚国国君的熊眴病逝，并将王位传给了自己的儿子。但是，熊通通过政变，杀死了熊眴之子，自立为楚王，是为楚武王。

武王即位后，四处征战，扩大楚国疆土，先后灭掉了数个诸侯国。当时，楚国灭掉权国后，将其改为权县，这便是中国有史以来第一个县。公元前706年，熊通北进中原。随国作为王室姬姓封国，成了楚国的首选目标。

当时，熊通出兵随国主要有两个目的：一是为了打通北上争霸的路，二是向周王室显示自己的力量。于是，熊通派人与随国商谈，意欲让随国去游说周王，为楚国晋升封号。面对来势汹汹的楚国大军，随国只得妥协，无奈周天子并未同意。

收到回复的熊通勃然大怒，言道："王不加我，我自尊耳。"公元前704年，熊通自立为楚武王，成为诸侯中僭号称王的第一人。天无二王，人无二主，熊通既已称王，也预示着周王朝已经分裂，诸侯割据纷争的阶段正式到来。所以也有专家将熊通称王这一年定为"春秋"元年。

之后，为了巩固楚国在汉江流域的地位，熊通在谋臣的建议下，在楚国沈鹿召开诸侯盟会，这就是著名的"沈鹿之会"。当时，各诸侯国因惧怕楚国的力量，都前来赴会，唯有黄、随两国未到。黄国离沈鹿较远，且当楚国派使者前来问罪时，黄国不仅态度十分谦卑，当即就献纳了很多金银珠宝，因而没有被责怪。而随国一方面离沈鹿较近，另一方面在楚国派使者前来问责时，拒绝认错。于是，楚国毅然决然再次伐随。结果，随军大败，最终成为楚国的附属国。

这以后，楚国国力蒸蒸日上，成为春秋时期不可忽视的重要国家。

# 季梁卓识

当年，楚武王熊通第一次出兵随国，逼迫随侯议和的时候，楚国有位大夫斗伯比对熊通说："咱们楚国国力强盛，兵强马壮，但是却没有成为汉江地区真正的霸主。目前汉江诸国之首是随国，我们这样蛮横地用武力，逼迫随国妥协，别的诸侯国看了定会害怕我们，可能会结成联盟，这恐怕对我们的霸业不利呀。不如我们隐藏实力，把军队装成软弱无力的样子，随国看到后一定会掉以轻心，抛弃其他小国家，等他们互相不信任，离心离德的时候，我们就可以逐个击破了。"

另一位大夫熊率且比反对说："随国有季梁在，恐怕会识破这个计谋呀？"斗伯比回应说："季梁虽然贤能，但是受随侯宠信的却是少师，所以不用太过担心，只要少师还在，季梁就是想施展才华也没有办法。"于是楚武王故意把军容弄得疲疲沓沓来接待少师。

狂妄自大的少师果然中计，回去后极力说服随侯伐楚。季梁知道后，急忙面见随侯，出言阻止："现在楚国占据天时，不能与他们硬碰硬，他们之所以对我们示弱，定是阴谋，您可不能中计呀。据我所知，小国如果要抵抗大国，唯有小国得道多助，大国失道寡助。道，就是忠于人民，取信于鬼神。国君经常考虑如何利民，就是忠。祝官史官老老实实向神灵祭告，就是信。现在人民在挨饿而君王纵情享乐，祝官史官在祭神时虚报功德，这样还有什么道，又如何抵御楚那样的大国！"随侯说："我一直都有用心祭祀，至少能取信于鬼神吧？"

季梁又说："神真正的主人，是人民。圣明的君主优先人民的事情，再思考如何祭祀鬼神。祭祀时进献肥硕的牲畜，是为了说明人民生产无忧；进献黍稷，是为了说明人民和睦、收成多么丰盛；进献美酒，是为了说明全国上下都有美德，没有谗言和邪行。人民和睦，鬼神才会赐福。如今，百姓日子过得凄苦，鬼神就等于缺了主人，光靠丰盛的祭礼，随国也不会得到幸福的。"

随侯只好整顿内政，并与周边邻国交好，楚国一看，汉阳诸国报团取暖，也不敢轻易进犯了。

等到楚武王第二次伐随的时候，季梁对随侯献策："我们可以先派使者卑辞求和，要是楚国不同意，我们再出战。这样一来，既可麻痹敌人，又能让我军因愤怒而产生斗志，一举两得。"但遭到了少师的反对，他认为兵贵神速，这样拖拖拉拉会贻误战机。随侯宠信少师，决定立刻起兵反抗。季梁又说："楚人以左为上，所以楚王一定是在左军中，那么右军武力值一定比较弱，不如我们先攻击他们的右军，一旦右军失败，楚军士气受挫，那么我们就能胜利了。"然而，少师再次反对他的意见，认为擒贼先擒王，如若战斗，定要先攻左军，捉拿楚王。随侯依旧选择采纳了少师的意见。

随军按照少师的方式，在速杞与楚军展开战斗，很快，随军便战败，随侯弃车而逃，少师做了俘虏。逃回国的随侯立刻召见季梁，问他的对策，季梁说，只有认输乞和一条路了。于是季梁临危受命，代表随侯前去楚国讲和。

在楚国的朝堂上，季梁虽是乞和，但态度不卑不亢。这让熊通大为恼怒，本不想同意，斗伯比对他说："如今少师已死，季梁还在，我们怎么可能灭得掉随国啊。"于是熊通只得同意了结盟。

# 城下之盟

与随国订立盟约之后，楚武王吸取之前随国联合众小国，使其无处下手的教训，派莫敖屈瑕、将军斗廉前去与贰国、轸国结盟，想通过结盟，来分化汉阳诸侯联盟。

当时汉江边上有一个郧国，地处贰、轸两国之间，楚国这样的结盟方式，让郧国很是不满，这样就等于将它包围起来了，以后可以轻而易举地围攻它。于是郧国立刻调集重兵驻守蒲骚，又紧急派人联络随、绞、州、蓼四国，并与之结成联盟，让它们前来帮忙抵抗楚国。

屈暇见五国组建了抗楚联盟，担心兵力不足，与斗廉商议想向楚武王请求援兵。斗廉说："郧军据城而守，又寄希望于外援，必无斗志，我们只要敢战，且速战速决，必能取胜，其余四国见我们胜利，也会自动退兵的。"屈暇认为斗廉说得很对，但是有点不放心，便对他说："不如卜一卦，问问吉凶？"斗廉哈哈一笑："您怕还是有所疑虑吧，不然何必要占卦呢？"

结果果然如斗廉所料，郧军一触即溃。其他四国听说郧国败了，立马退兵回去了。楚国成功与贰、轸也成功结盟，一部分郧人随绞国大军迁入绞国。

第二年，楚武王决定进攻反对楚国、又掳走郧国军民的绞国，主帅还是莫敖屈暇。本来，屈暇觉得绞国这种弹丸小国，攻下易如反掌。没想到绞城虽小，但绞人死守，楚国大军一个月都没有攻下。屈暇围着绞城转了一圈，想到了个好办法。绞城被围困许久，城中应已断粮，于是第二天，他派几十个楚国后勤兵，背着干粮，去绞城北山砍柴。绞人果然派兵将打开北门把这几十个人掳入城去。

又过一天，更多背着干粮的楚国后勤兵出现在北山砍柴，绞国派出了更多的士兵去往北山，上了山后发现，自己被围困下不来了，很快就传来楚军破北门而入的消息。楚军又以山上绞人为要挟，绞国只得与楚国签订盟约，尊楚为王。这便是成语“城下之盟”的来源。

## 趾高气扬

自从打败了绞国后，屈瑕就变得骄傲自满起来，不把其他朝臣放在眼里。公元前699年，楚武王又派屈瑕带领全部军队前去攻打一个小国——罗国。出发前，大夫斗伯比前去送行，送行过程中，他发现屈暇神气十足，便偷偷对车夫说："屈将军这一仗一定会失败的。你看他走路时脚步高高昂起，可见他心浮气躁，并没有在战事上用心，又怎么能打胜仗呢。"

送行结束，斗伯比立刻面见楚武王，请求为屈暇增兵。武王很奇怪，屈暇才刚出发，而且还带走了所有的军队，斗伯比就来请求增兵，于是他便将这件事告诉了宠妃邓曼。邓曼说："斗伯比的意思是希望大王对于这次出征罗国，能用信义安抚民众，用德政训导官员，用刑罚威慑屈暇。"武王恍然大悟，赶快派人去追赶屈暇，然而为时已晚。

原来楚军刚出发不久，屈暇就下令禁止将士议论军事，否则严惩不贷。军士们畏惧刑罚，所以全都闭嘴听指挥，没有一人敢谏言。军队行进到鄢水时，士兵们都争相渡河，乱成一团，完全没有一个合格军队该有的秩序。到了罗国后，又随随便便地安营扎寨，不设警戒和哨探。罗国见楚国军队如此松懈，心中大悦，联合卢戎国一起，趁楚军不备之时突然出击，没费多少力气就将其打败。

屈暇这次在优势这么明显的情况下，败于小国，知道最大的问题在于自己指挥不当，所以刚刚回到楚境，就自裁谢罪了，其余将士也自缚请罪。楚武王认为这是他用人不当，所以免去了其他将士的罪过。

## 齐大非偶

郑庄公和齐僖公的关系很好，二人曾在石门歃血为盟，恰巧那时郑国太子忽也在。齐僖公见太子忽聪明伶俐，很是喜欢，就想为太子忽和自己的女儿定下娃娃亲。齐僖公的女儿是当时出了名的美女，而且齐国当时国力强盛，能攀上这门亲事，就等于有了一个强大而牢固的支持者，郑庄公非常欢喜，但却遭到了当事人太子忽的拒绝。

庄公问他为何不愿娶齐国公主，他表示，娶妻要门当户对才行，如今齐国强大，郑国弱小，夫妻双方不是很匹配。他想靠自己的能力做事，而不是依仗外界的势力，所以不想高攀这门亲事。郑庄公见儿子有自己的志向，就没有强求，回绝了齐僖公。

当时，齐国和北戎交界，因此总会遭到北戎的骚扰。同时，北戎作为游牧民族，每次抢掠完后，并不占有土地，士兵也无法找到他们的踪影，齐国对此也始终无可奈何。

有一次，北戎再次侵犯齐国，齐立刻派使者前去与郑国求援——只因郑国对北戎有作战经验并且还打了胜仗。郑庄公便派太子忽带三百乘战车支援齐国，齐僖公欣喜万分，亲自出城五十里迎接。但是看到郑国的战车部队时，又开始担心起来，战车笨重，恐怕不如北戎骑兵灵活。太子忽参考之前郑国打败北戎的策略，拟定了这次作战方针：郑国车战，虽然行动不便进攻不易，但是甲车厚重也不易失败。戎人用马，利于进攻但也容易被分割包围。如果以小胜惑之，戎人必然轻进，然后装作败走，戎人必会去追，然后郑伏兵以待，戎兵遇伏，必惊恐逃奔，奔而逐之，必获全胜。

结果果然如太子忽所料，郑军又一次打败北戎，并且俘虏了他们的两个主帅大良、少良，还砍了带甲戎军三百人的脑袋，献给齐国。齐僖公大喜，设宴犒劳郑国三军。宴会上，齐僖公又旧事重提，想要与太子忽结亲。

郑国大夫祭仲跟太子忽在一起，就劝他答应娶亲，说："郑庄公有很多宠爱的姬妾，恐怕会有别的公子与您争位，您如果没有大国的援助可能难以继位。"但是太子忽说："我之前没有什么功绩的时候拒绝了齐国的求婚，现在助他们打败北戎后，娶了齐国公主回去，这就像利用战争进行利益交换，天下人会如何议论我呢？"所以太子忽用郑庄公的名义再次拒绝了齐僖公的邀请。这就是"齐大非偶"的典故。

## 郑国内乱

姬忽是郑庄公长子，也是太子。庄公逝世后，郑国大夫祭仲迎立他继位，是为郑昭公。郑庄公在位时，有一个非常宠爱来自宋国的雍氏，所以对于雍氏的儿子公子突也比较溺爱。公子突也想继承王位，但是祭仲拥护太子忽，所以他派人将祭仲诱骗至宋国，威胁他如果不拥立公子突就杀了他。宋国也趁机绑架公子突，向祭仲索取贿赂。祭仲无奈，只好答应了宋国的要求，并与宋国君君立下誓言。然后他便带着公子突回国，改拥立他为国君。

郑昭公忽听说祭仲因宋国的要挟，改拥立自己的弟弟公子突为国君，而自己势单力薄，根本无法与他们抗衡，到时候他们定容不下自己，于是他急忙逃到了卫国。公子突继位，是为郑厉公。

四年后，祭仲专权，引起了郑厉公的不满，但是他畏惧祭仲的权势，不敢当面处决他，所以就联合祭仲的女婿雍纠设计谋害他。雍纠在谋划此事时，并没有避开自己的妻子。妻子知道后就去问自己的母亲，父亲和丈夫哪个更重要，她母亲说，父亲只有一个，丈夫却可以有很多，所以父亲重要。于是她就将雍纠的谋划告予祭仲。祭仲杀死了雍纠，并将其暴尸于闹市上。郑厉公知道此事后很无奈，对于雍纠把这么重要的事情告诉妻子也很愤怒。但是事已至此，没有再缓和的余地了。最终厉公被赶到郑国边界的栎邑。而祭仲将昭公忽迎回，继续当郑国的王。

秋天的时候，郑厉公依靠邑城的人杀死了栎邑大夫单伯，于是就定居在栎邑。其他诸侯听说厉公跑了，就联合起来讨伐郑国。但战争失败了，联军就解散回去了。宋国由于亲缘关系，还是非常支持郑厉公的，所以宋国赠给厉公很多军队，让他在栎邑坚守，郑国见如此，也就没有再继续讨伐邑城了。

郑国有个上卿叫高渠弥，郑昭公还是太子的时候就不喜欢他，所以他们两人就有了嫌隙，昭公再次继位后，高渠弥觉得昭公定不会放过自己，于是趁与昭公出外打猎的时机，在郊外将昭公杀害。昭公死后，祭仲与高渠弥因为之前的种种缘故，不敢让厉公继位，就改立昭公的弟弟子亹做国君。

子亹刚继位，齐襄公邀请各路诸侯会盟首止，子亹和高渠弥一起赴会。齐襄公未继位时，子亹曾经与他相斗过，双方结仇，子亹到了首止，也未向齐侯道歉，齐侯十分生气，就设下伏兵杀死了子亹，高渠弥也被五马分尸了。祭仲于是把子亹的弟弟公子婴从陈国迎来拥立成国君，称为郑子。

接下来，郑国难得出现了十几年的平稳期，但是郑子十二年，祭仲去世了。栎邑的厉公开始蠢蠢欲动，郑子十四年，厉公故技重施，诱骗了大夫甫假，要挟他帮自己夺回宝座，甫假无法，只好答应帮他。回到郑国都城后，甫假杀死郑子和他的两个儿子，并迎来了厉公。厉公复位后，也没有放过甫假，以事奉国君不能有二心，甫假未尽到做人臣的本分为由，将他杀死。就在这不断的内乱中，郑国失去了复兴的大好时机，周边的诸侯国已经超过了郑国，占据了春秋时期诸侯国的主导地位。

## 鲁桓公之死

公元前694年，齐襄王要迎娶天子之女。按照周礼，婚礼需要由同姓的诸侯王代为操办，鲁桓公就是这次的婚礼主持。

文姜本是齐僖公之女，齐襄王的妹妹。听说鲁桓公要入齐修好，就百般央求桓公带她一起回去。按照周礼，女子出嫁后，若父母都健在是可以回娘家探亲的，如果家中只剩兄弟姐妹，则是不宜回去的。当时，曾有鲁国大夫向桓公建言，认为夫人回齐不符合礼节。桓公为博美人开心，便同意了。

桓公和文姜到了齐国后，齐襄公设宴款待他们，并以王妃思念妹妹为由邀请文姜到齐国王宫叙旧。其实，这就是在给兄妹私会创造机会。事实上，在文姜还未婚配，齐襄公还是太子之时，二人便有了私情。此次相见，更是旧情复燃。二人缠绵了一整夜，直到第二天天亮，文姜才回到鲁桓公身边。

刚开始时，桓公还未在意，直到文姜常常夜不归宿，才引起了桓公的怀疑。桓公质问文姜，文姜无法自圆其说，桓公便想到了之前有人告诉他文姜兄妹二人的私情。虽然他早是怒不可遏了，但是身在齐国，也不好发作，所以当即就向齐襄公辞行，要带着文姜回鲁国去。

文姜赶忙派人将桓公知道二人的私情一事告诉齐襄公，齐襄公既担心鲁桓公回去会对文姜不利，又想与文姜长相厮守，于是决定一不做二不休，阻止他们回到鲁国。他先是设宴款待桓公，并故意将桓公灌醉，然后命武士彭生护送桓公回驿站。最终，酩酊大醉的桓公被彭生暗杀了。

当时，鲁桓公的尸体被护送回鲁国，而作为鲁桓公夫人的文姜却迟迟不肯回鲁国，而是留在了齐国，这让鲁国人民非常愤怒。然而齐国势大，鲁国不敢惹，只能要求齐襄公交出彭生。齐襄公为平鲁国的愤怒，杀死了彭生，这也算是给鲁国一个交代了。

后来，虽然文姜没有一直留在齐国，但为了便于和哥哥私会，她在齐鲁边境修筑的宫殿中住了下来，而齐襄公也在边境修建了一座宫室，二人仍旧常常密会。

## 齐桓公惊险得君位

齐襄公在位时荒淫无道，齐国统治岌岌可危。公元前686年，公孙无知联合连称、管至父等大臣起兵造反。齐襄公无力回天，被公孙无知杀死。公孙无知自立为君，不久也死于政治斗争中。齐国王位空缺，政治混乱，十分需要一位明智的国君来力挽狂澜。当时，因为哥哥齐襄公昏庸无道，公子小白和公子纠被迫流亡他国。公子纠在管仲的保护下，逃到鲁国；公子小白在鲍叔牙的保护下，逃到莒国。

为了夺权，公子纠和公子小白纷纷争先赶回齐国。当时，鲁国派军队护送公子纠回齐国当国君。由于担心公子小白抢先一步，管仲请求鲁庄公派给他一支军队，由他率领，在公子小白回国途中进行伏击。于是，管仲带着鲁庄公给的兵马，日夜兼程，终于在回齐途中追赶上了公子小白所率一众人马。管仲对着车中的公子小白喊道："不知公子这是前往哪里啊？"公子小白回道："回齐国处理丧事。"管仲又道："您哥哥已经去了，您就不必去了，免得落人话柄。"鲍叔牙护主，道："管仲啊，每个人有每个人的事情，我们去哪里，何须你操心？"公子小白的谋士鲍叔牙和管仲本是生死之交，但二人各事其主。鲍叔牙的话音刚落，公子小白的人马立即剑拔弩张。管仲见状，只得忍气吞声。但为了阻止公子小白，他趁着公子小白不备，拔箭就射了去。只听公子小白一声大叫，口吐鲜血，倒在了车下。鲍叔牙急忙上前营救。只听有人大喊道："不好了！"接着就是呜呜咽咽的啼哭声传出来。管仲以为小白死了，很是满意，派人快马加鞭将公子小白的死讯送往鲁国和公子纠处。一时间，最大的竞争对手已死，导致公子纠的人马放慢了回齐的行程。事实上，管仲只是射中了公子小白的衣带钩，并没有伤及要害。于是，假装死去的公子小白和鲍叔牙等人，连夜抄小路赶回齐国。

等公子纠的人马到达齐国时，公子小白已经顺利登上了国君之位，是为齐桓公，这一年是公元前685年。

## 鲍叔牙与管仲

公子小白抢先公子纠一步回到齐国，并在贵族国、高两氏的支持下，顺利坐上了齐国国君之位。姗姗来迟的公子纠和管仲十分恼怒，便联合鲁庄公准备武装夺取君位。

奈何此时的齐兵士气高昂，鲁军与公子纠等人节节败退，甚至于还牵连鲁国丢了国土。鲁庄公连吃败仗，正在气头上，对公子纠等人暗生不满。恰逢，公子小白派人送书信给鲁庄公，道："公子纠是我的兄弟，我不忍心亲手杀他，你们替我杀了他吧。管仲和召忽是我的仇人，请把他们两个送回齐国，我要将他们碎尸万段。不然的话，我就派兵攻打你们鲁国。"鲁庄公接到书信后，非常害怕，就杀掉了公子纠。看见公子纠死了，召忽就自杀了，为公子纠殉了节。鲁庄公想把管仲送回齐国，鲁国大臣施伯不同意鲁庄公这么做。他说："齐桓公想要回管仲，不是为了杀了他报仇，而是想任用他当官。管仲的才干，天下没有几个人能比得上，如果让管仲帮助齐桓公治理国家，那齐国很快就会富强起来，那就会威胁到我们鲁国。我看不如我们杀了管仲，把他的尸体送回去。"

鲁庄公说："齐国的军队现在就在边境呢，如果我们不按照齐国的要求做，立刻就会遭到齐国进攻的，还是照齐国国君说的做吧。"于是他下令把管仲送回齐国。

鲍叔牙辅佐齐桓公即位后，齐桓公要封鲍叔牙做宰相，鲍叔牙却觉得管仲比自己更适合做宰相。当时，鲁国人送回管仲，对一箭之仇耿耿于怀的齐桓公听了鲍叔牙的建议后，勃然大怒。鲍叔牙劝导他说："管仲射你一箭，那是各为其主，因为他是公子纠的师傅，当然为公子纠着想。但他有治国安邦的大智，您若能宽宏大量，不计前嫌，真正启用管仲，何愁霸业不成！您要是只需治理齐国，用我就足够了。但要是想称霸天下，就非用管仲不可！"

齐桓公知道鲍叔牙之所以三番五次地举荐管仲，定是因为此人确有常人难及之处。齐桓公便郑重地拜管仲为相国，位居鲍叔牙之上。管仲原以为自己必死无疑，谁料遇得明君，便不负齐桓公的厚望，全心全意地协助齐桓公进行改革，为齐国开创了民足国富、社会安定的繁荣局面。在管仲的提议下，齐桓公打出了"尊王攘夷"的旗号，以诸侯长的身份联合各诸侯国四处征战，九合诸侯，逐步树立自己的威信。

事实上，鲍叔牙和管仲在少年时就是生死之交，两人曾一起做过小生意，赚了钱后，管仲总是自己多分点儿，鲍叔牙从来不说什么。管仲后来说："我年轻的时候很贫穷，和鲍叔牙一起做了点儿小生意，每次赚了钱我都拿大份的，知道我贫穷，鲍叔牙从来不说我贪心。我曾经打过三次仗，三次都做了逃兵，鲍叔牙不说我胆子小，他知道是因为我有母亲要养活。公子纠死的时候，我成了囚犯，鲍叔牙也没有看不起我，他知道我是暂时隐忍，以图将来名扬天下。生下我的是父母，最了解我的却是鲍叔牙啊。"

# 曹刿论战

公元前684年，自恃实力强大的齐桓公，不顾管仲的劝阻，决定讨伐鲁国，以报复当年鲁国支持公子纠的复国行为。实际上是为了想趁机侵占邻国，扩张地盘。

鲁庄公听说齐军大举进犯，决定发动全国的力量，与齐军决一死战。就在鲁庄公准备出兵应战的时候，一直隐居的曹刿为了避免自己的国家遭受齐军的欺压，入宫求见。

曹刿向鲁庄公问道："您依靠什么来作战呢？"庄公回道："暖衣饱食，不敢独自享受，一定分给别人。"曹刿回说："小恩小惠不能周全，百姓不会跟从的。"庄公又说："祭用的牛羊玉帛，不敢擅自增加，祷告的言辞一定反映实情。"曹刿又回说："一点诚心也不能代表一切，神明不会降福的。"庄公再次回道："大大小小的案件，虽然不能完全洞察，但必定合情合理地去办。"曹刿说："这是尽心为百姓办好事啊，可以凭这个打仗。打起来，请让我跟着去吧。"

鲁庄公和曹刿同乘一辆兵车，与齐军在长勺展开战斗。庄公准备击鼓，曹刿说："还不行。"齐人三通鼓罢，曹刿说："可以了。"齐军大败。庄公准备追上去，曹刿说："还不行。"下车，仔细看齐军的车辙，然后登上车前的横板远望，说："行了。"就下令追击齐军。

打了胜仗以后，鲁庄公问曹刿取胜的原因。曹刿回答说："两军作战全凭勇气。第一通鼓用来振奋勇气，第二通鼓后士兵的勇气就少了一些，第三通鼓后士兵的勇气就没有了。他们的勇气没有了，而我们的勇气刚刚振奋，所以战胜了他们。大国是难以捉摸的，恐怕有埋伏。我仔细看他们的车辙已经乱了，远望过去，他们的旗帜倒了下去，所以才追逐他们。”

# 老马识途

齐国在齐桓公的治理下逐渐确立了中原的霸主地位，中原各国对齐都很敬畏。唯独边境的一些少数民族不以为然，他们一有机会就会前来抢掠。再者是位于南边的楚国日益强大，齐桓公担心霸主地位受到威胁，于是找管仲商量对策。

恰巧此时，燕国受到山戎侵犯，燕国派人向齐国求救。齐桓公向管仲征求意见，管仲回道："山戎经常骚扰中原，是中原安定的忧患，我们可趁机征服它。之后，若我们想征伐楚国，灭了山戎也是解了我们的后顾之忧。"齐桓公听了管仲的话，于公元前664年，答应燕国请求，亲率大军救援燕国。

等齐军赶到燕国时，山戎军队已经带着掠夺的财物，逃到东面的孤竹国去了。齐桓公本想就此收兵，但管仲坚决反对。他建议齐军继续追击，以保北方边境安全。齐桓公接受了他的建议，下令向东继续紧追。

当时，齐国人马紧追在后，被诱骗进了一片沙漠中。一望无际的黄沙，既不分东西南北，也不辨前后左右。一时间，大军在沙漠中彻底的迷失了方向，恐慌不已。

就在众将士不知所措的时候，管仲急中生智，安慰众人道："大家切莫慌张，我军中的这些无终国的马匹多是从山戎那里获得的，我相信这些马匹应该是有认路的技能的，不如找几匹老马在前领路，或许我们会有走出沙漠的希望。"

于是，齐桓公立即派人前去挑选老马，并让人放开它们，由它们走在大军之前，大军则紧随其后。过了不久，这些老马就带领着齐军走出了沙漠。绝处逢生后，大家都对管仲佩服不已。

这也是后来成语“老马识途”的典故。

# 假途灭虢

晋献公在位时，为了扩大疆土，一直想把附近的两个小国——虢国和虞国吞并，但是这两个国家是同盟关系，虢国遇到别的国家入侵的时候，虞国就会出兵援助，虞国遇到别的国家入侵的时候，虢国也会出兵援助。一时间，不知如何下手。

有一天，晋献公向大臣荀息询问解决之策，道："我想把虞国和虢国这两个国家灭掉，但这两个国家结成了同盟，我们和这两个国家同时作战的话，会对我们很不利，你有什么计策吗？"荀息回道："这事很容易。我们只要拉拢其中一个国家，再出兵去攻打另外一个国家就可以了。虞国国君这个人非常贪婪，我们可以把他拉拢过来，只要您能舍得将您最喜爱的宝马和玉璧赠送给虞国国君，然后我们就出兵攻打虢国，虞国国君收下了我们的礼物，到时候一定不会出兵救援虢国。灭掉了虢国后，在我们军队撤回来的路上，再顺便消灭毫无准备的虞国，这样我们不就达到目的了吗？"晋献公心领神会，道："哈哈哈，果然好计策，就照你说的办。"

第二天，晋献公就派人带着宝马和玉璧去赠送给虞国国君，虞国国君收到这份大礼后，笑得合不拢嘴，心里一个劲儿地念晋献公的好。过了些天，晋献公又派使者来到虞国，晋国使者对虞国国君说："虢国经常派兵在我国边境骚扰，如今我们国君想派兵去惩罚虢国，所以我们国君派我来请求您借道给我们，让我国可以去惩罚作恶多端的虢国。"虞国国君满口答应说："嗯，好，没问题。"

虞国大臣宫之奇知道了国君要借道给晋国后，心里很是忧虑，他进宫对国君说："我们不能借道给晋国啊，晋国会乘机攻打我们虞国的。"虞国国君说："你太多心了，晋献公和我是同一个祖宗，他怎么会攻打我呢？"

宫之奇继续进谏说："论亲戚关系，虢国和晋国可要比我们和晋国亲近得多了，现在晋国不是一样出兵攻打它吗？况且我国和虢国的关系就像嘴唇和牙齿的关系，如果虢国被晋国灭亡了，我们还能安全吗？"

虞国国君不耐烦地说："你不用再浪费唇舌了，我已经许诺晋国，难道我堂堂一个国君能失信给人家吗？虢国是因为不知好歹得罪了晋国，晋国才攻打它的，我又没得罪晋国，而且晋献公对我这么好，虞国哪会有什么危险呢？你还是退下吧。"

宫之奇只能无奈地退了出来，他回到家后说："虞国就要大祸临头了，不能留在这儿陪葬。"他立刻吩咐家人带好东西，逃离了虞国。

公元前655年，晋国从虞国借道消灭了虢国，在晋国军队退兵回国路过虞国的时候，又对虞国发动了突然攻击，灭掉了虞国，俘虏了虞国国君。

## 骊姬乱晋

骊姬，春秋时期晋献公的宠妃。晋献公有五个儿子，分别是申生、重耳、夷吾、奚齐和卓子，其中奚齐为骊姬所生。晋献公晚年对骊姬十分宠爱，对奚齐也最为喜欢，而对申生、重耳、夷吾三子则尤为疏远。但按照当时的嫡长子继承制，申生才是太子的不二人选。晋献公曾私下向骊姬透露欲立奚齐为太子的想法。

听闻此话的骊姬暗喜，但表面还是装出一副深明大义的样子。她对献公说道：“此举万万不可，申生已被立为太子，且并无犯错，百姓对太子也十分爱戴，不能因为我的缘故，废了另立啊。若是如此，我只能以死谢罪了。”

事实上，骊姬自从生了奚齐后，就希望自己的儿子能被立为太子。虽然在明面上她拒绝了献公的提议，但在暗地里则一心想要除掉申生、重耳、夷吾三人。她勾结晋大夫梁五等人，让他们劝说晋献公把太子申生和公子重耳、夷吾调离都城。而在骊姬和大臣的鼓动下，晋献公把太子申生送到了曲沃，而重耳、夷吾则分别被送到蒲地和屈地。

虽然在骊姬的“努力”下，太子申生逐渐被献公所厌恶，但是骊姬认为，若太子申生不死，自己儿子的太子之位一定不能坐稳。于是，骊姬对太子申生已是置之死地而后快的态度。于是，投毒栽赃的计谋应运而生。

于是，骊姬以献公的名义，传话于申生，道：“昨晚，君王梦见了你的母亲，现在你可以在曲沃祭祀她。”按照当时晋国的习俗，太子申生需要将祭祀的酒肉先送于献公。于是，骊姬趁机在申生送来的祭品中放上了毒药。

待献公打猎回来后，欲要食用时，陪伴在旁的骊姬连忙劝阻道：“这些外面来的食物，怎可随便食用，还是先试一试再吃为宜吧。”于是，献公便命人从桌上的肉中选了一块给狗试吃。谁料，狗吃了不久便死了。献公看了以为太子意欲谋杀他，勃然大怒，便下令赐死了太子。

那时，远在曲沃的太子接到死令，虽是明白被人陷害，但孝顺的他还是选择了自杀。临死前，他说：“君父要杀我，我若不死那是不忠。我并不怕死，只是担忧晋国的未来啊。”

公子重耳和夷吾听闻此事后，本要回都朝见君父的他们，因为害怕牵连，便都未回到都城。骊姬知晓后，向献公诬陷公子重耳和夷吾也参与到了太子申生的阴谋中。此时的献公完全听信了骊姬的话，立即派人捉拿二子。为了保命，重耳和夷吾被迫开始流亡他国。

公元前651年，晋献公病逝，年幼的奚齐登上了国君之位，由大夫荀息辅政。可好景不长，那些异姓的卿大夫犯上作乱，不仅杀死了奚齐、荀息，就连后来的继位者卓子也未幸免。而骊姬本人最终也难逃一死，晋国也因她乱成一团。

## 宋襄公争霸

公元前643年，齐桓公去世。公子无诡在奸臣的扶持下继任新君，原齐国太子公子昭被迫逃亡宋国，向宋襄公哭诉齐国内乱，恳求其主持公道。

虽然宋国国力不强，宋襄公也是平庸之辈，但这并不影响宋襄公的称霸之心。恰逢当时齐桓公已死，公子昭前来投奔他，在宋襄公的眼中，这真是天赐良机。

公元前642年，宋襄公号召诸侯集会并出兵护送公子昭回国即位。怎奈，宋国弱小，响应号召的诸侯只有三个，且都比宋国还弱小。于是，宋襄公联合曹、卫和邾三国兵马护送公子昭回国。齐国众臣见势不利，杀死了公子无诡，前来迎接公子昭即位，是为齐孝公。

帮助公子昭即位后，宋襄公自认为做了一件大事，很是得意，觉得称霸的绝佳时机已然到来。于是，他邀请各诸侯会盟，以确立自己的霸主地位。奈何，只有少数的小诸侯国前来参会，大的诸侯国根本不理睬。当时，齐国与楚国都是大的诸侯国，其中齐孝公因承蒙宋襄公相助，而答应了会盟一事，而楚国则是在宋襄公的“糖衣炮弹”下才答应会盟一事的。

于是，公元前639年的秋天，楚、齐、宋三国在齐国鹿上会盟。宋襄公与楚成王在争夺盟主一事上，谁也不肯退步。于是，楚成王一怒之下，命人将宋襄公抓了起来，准备率领军队进攻宋国。后来，在齐国的周旋下，楚成王才放了宋襄公。事实上，在会盟之前，宋臣公子目夷就曾劝谏宋襄公：“我们宋国尚还弱小，若此时和大国争夺这盟主之位，必然会带来无妄之灾的。”

宋襄公却一意孤行。于他而言，这盟主之位他是势在必得。

宋襄公回到宋国后，虽然心里对楚国痛恨不已，可欺软怕硬的他哪敢再去招惹楚国。于是，他选择了和楚国关系很好的郑国下手。虽然宋国群臣都劝谏宋襄公万万不能如此，但是宋襄公根本不听，他想要杀鸡儆猴，以此震慑楚国。

当时，宋国军队入郑后，郑文公立即派人前往楚国求救。楚成王听闻后，怒不可遏，准备发兵救郑。楚成王听了大臣的建议，并没直接前去救郑，而是转而去攻打空虚的宋国。而正在与郑作战的宋襄公听闻“后院着火”，急忙率领大军往回赶。

几天后，楚国和宋国的军队在泓水河畔相遇。这时，大臣公孙固等人都劝道：“楚国发兵的目的就是救郑，而今我军已从郑国撤退。再者，我们并没有楚国强大，不如与楚国讲和吧。”宋襄公听闻后，生气道：“我们是仁义之师，而楚国则是出师无名，怎么会打不过呢？”

第二日清晨，楚军排开队伍陆陆续续准备渡河作战。公孙固见状，道：“此时，楚军正行至河中间，这正是我军突袭的绝佳时机，还请您下令作战吧。”

宋襄公摇头道：“这可不行，我们是仁义之师，怎可趁他们渡河时攻打呢。”而当楚军渡河后，还未扎营安寨，正乱成一团时，众臣又开始劝谏。宋襄公仍摇头：“还是不可以，等他们摆好阵形，我们再攻打，这样才是堂堂正正的君子之战啊。”此话一出，众谋士听得是目瞪口呆。

所以直到楚军摆好阵形，宋襄公才开始发动进攻。楚军势如破竹，没打多久，宋军就大败了，宋襄公也身负重伤，在宋兵的拼死护驾中，仓皇逃回宋国都城。一时间，宋国百姓都在抱怨，可宋襄公还是坚信他的仁义说法。

# 重耳流亡

重耳是晋献公的儿子，当初晋献公听信了骊姬的谗言，要杀掉他，重耳只好逃离了晋国，来到了他外祖父的国家——翟国避难。

重耳十七岁的时候，手下就有五位贤臣，分别是赵衰、咎犯、贾佗、先轸、魏武子。这里面的咎犯是重耳的舅舅，重耳逃出晋国的时候，这五位贤臣和数十名手下都跟随着重耳。

重耳在翟国生活了五年后，晋献公就死了。晋国的大臣派人通知重耳，让他回晋国当国君，重耳害怕回去后被有势力的大臣杀死，就没有回去。后来公子夷吾当了国君，就是晋惠公。晋惠公继位，非常害怕重耳回来跟他抢夺王位，所以就派人去翟国杀重耳。重耳听说晋惠公要派人来杀自己后，就对赵衰说："从前我逃来翟国，就是因为翟国和晋国距离很近，我们可以随时了解国内的情况，现在这里也不安全了，我们还是离开吧。我听说齐国的管仲已经死了，齐桓公很希望得到有才能的人，我们就去齐国吧。"赵衰点了点头同意了。将要离开翟国时，重耳对他的妻子说："请你等我二十五年，如果那时我还不回来，你就改嫁吧。"他的妻子笑着说："等到二十五年后，恐怕我坟墓旁边的树木都已经长得很大了。但是，无论过了多长时间，我都会一直等你回来的。"

重耳离开翟国去齐国的路上，经过卫国时，卫国人对他很不礼貌，不以公子的礼仪接待他。后来在经过一个叫五鹿的地方时，重耳和他的手下们都没有吃的了，重耳非常饥饿，只好向当地人乞讨食物。当地人就给了他一个土块，重耳很愤怒。狐偃劝解他说："给你土块，就代表你将来会拥有国家的土地，成为国君，你就好好地收下它吧。"

重耳到了齐国后，齐桓公对他非常好。不仅将本姓亲戚的女儿齐姜嫁给了重耳，还送了很多车马陪嫁给重耳。在齐国过着安逸生活的重耳渐渐忘记了要回晋国的事儿。这下可把跟随他的贤臣们急坏了。有一天，他们围坐在一棵桑树下，商量如何回晋国的事。恰巧被前来采桑叶的齐姜侍女听到了。于是，侍女将此事告诉齐姜。齐姜听后非但没有责怪，反而前去劝解重耳，应以大局为重，回晋国创立霸业。重耳根本听不进去这些话，重耳的妻子见劝无用，便用酒把重耳灌醉，然后让他的贤臣赵衰等人将他装上车，离开了齐国。

重耳睡醒后，发觉自己已离开了齐国，非常生气，但也只能继续前行。重耳路过曹国，曹共公对他非常不尊重，甚至偷看他洗澡。重耳来到了宋国，受到了宋襄公的礼遇。路过郑国时，郑文公也对重耳很不礼貌。

之后，重耳到达了楚国。国君楚成王以国君礼仪接待了重耳。此举让重耳备受感激，许诺道："如果有一天，我们两国交战，我会让我的军队退避三舍以报此刻恩情。"楚成王听后满意地哈哈大笑，并送了许多宝物给他。于是，重耳告别了楚庄王，前往秦国。重耳到了秦国后，秦穆公不仅将自己的女儿和四位亲戚家的女儿都嫁给了重耳，还派出军队护送重耳回国。

公元前636年，在外整整流亡了十九年的重耳回到晋国，成为国君，史称晋文公。

## 介子推的传说

晋文公即位后，对当年随他流亡的功臣进行犒赏。但由于国事繁忙，一时忘记了同样功不可没的介子推。而介子推也没有去邀功，在他看来，重耳能回到晋国成为国君，完全是上天的选择，并不是他们这些人的功劳，所以无须进行封赏。而那些主动的邀功的人，介子推也是十分不愿与之为伍的。

后来，介子推带着母亲到绵山隐居。他的手下为他抱不平，特地在宫门上挂了一个条幅。上面写道："龙想要上天，五条蛇辅佐他。龙已经升入云霄，其中的四条蛇各得其所，而剩下的一条蛇却独自悲怨，找不到他的处所。"恰逢晋文公出宫，看见了此幅，幡然醒悟，愧疚道："这上面说的不正是介子推吗？我竟然忘记奖赏他，真是罪过啊！"

当年，重耳在外流亡，路过五鹿时，饥饿难耐得要昏过去了。介子推见状，偷偷一人走到旁边，用刀子从大腿上割了一块肉下来，然后配着一些野菜，煮了一碗肉汤，拿给重耳喝。重耳见到肉汤，问道："这食物你是从哪里找来的？"介子推没有正面回答，只是说道："您还是先把肉汤喝了吧。"后来，还是重耳身边的赵衰说出了真相。重耳听说是介子推割了自己的大腿肉，眼睛一下子湿润了起来。他认真地对介子推说道："如果将来有一天，我能安然回到晋国，成为国君，一定会报答你今日的恩情的。"

想到这里，晋文公内心备受煎熬，便在全国下令寻找介子推。后来，有人上报，介子推在绵山中隐居。于是，晋文公立即下令准备好车马和礼物，亲自前往绵山，迎接介子推。可茫茫绵山，寻找了好久也未找到。于是，晋文公下令放火烧山，意欲逼出介子推。然而，结果却是让人心碎的，介子推没被逼出来，反而被活活烧死了。

传说，介子推被烧死的那天是农历三月初五，晋文公便下令每年三月初五这一天，全国不准生火，整天都要吃凉的食物。这也是“寒食节”的来源。

## 城濮之战

晋国强大后，宋国因惧怕晋国，就背叛了楚国，转而依附晋国。公元前633年，楚成王率军征讨宋国。宋国告急，于是向晋文公求救。次年，晋国出兵，进攻与楚结盟的曹、卫两国，想以此化解宋国危机。

当时，晋国出兵，楚成王见状便命楚将子玉率军撤回。怎知，子玉是将在外，军令有所不受。反而是继续北上，攻打晋军。晋文公当年流亡楚国时，曾对楚成王许下诺言，若两国交战会让晋军“退避三舍”。于是，为了兑现诺言，晋文公率兵在城濮驻扎了下来。事实上，晋文公此举，一方面巧妙地避免了与来势汹汹的楚军正面冲突，另一方面也是有意滋长楚将子玉的自满情绪。

那时，楚军见晋军不战而退，于是立即穷追不舍。事实上，晋军一直在等待时机。当他们发现不管是地势方面，还是自身补给方面都是最佳时，遂决定出兵迎战。

公元前632年，在城濮，晋、齐、秦、宋组成四国联军与楚、陈、蔡、郑、许组成的五国联军正在激烈交战。晋军先是攻打了敌军右翼的陈、蔡两军，之后假装不敌撤退。楚军中计，孤军深入，遭到了晋军全力围剿。最终，楚军大败，主将子玉仓皇而逃，并在途中自刎。此战之后，楚国很长时间都不敢再侵扰中原。

城濮一役以晋军大获全胜告终。后来，晋文公将战场上缴获的战车、士兵统统上献给了周王。周王见到后，非常高兴，不仅赏赐了晋文公美酒宝玉等，还赏赐了红色和黑色的弓箭。这代表着周王肯定了晋国有自由征战他国的权力。

公元前632年，晋文公在践土召开会盟，周王室派遣王子虎前来参加。晋文公在会盟上被封为“侯伯”，正式确立了其霸主地位。之后，晋文公又在河阳再度召开盟会，这一次连周襄王都前来参加了，晋文公一跃成为当时的“春秋五霸”之一。

# 忠臣赵盾

赵盾，晋国执政卿，其人为官忠厚敦敏，忠君爱民。而当时在位的晋灵公则天性为人轻慢而又好玩耍，不愿理国政。赵盾曾多次忠言相劝，不但没有受到晋灵公的重视，反而遭到了他的嫉恨，以至于暗地里多次陷害赵盾。

有一次，晋灵公的厨师因烹煮熊掌没有熟透，就被灵公杀了。厨师的尸体被草草放在了筐子中，由宫人抬着，准备处理掉。经过外朝时，恰巧碰到了赵盾与大臣士会。他们看到了筐子里突然露出了一只手，便上前询问情况。宫人们如实相告，赵盾听了后，十分忧心，准备就此事立即向晋灵公进言。旁边的士会见状，阻止道："如果你劝谏后国君又不能听进去，就没人能继续劝谏他了。请让我先去劝谏，如果国君听不进去，那你还能继续劝他。"

结果士会往殿里走进了三个房间，进到房屋中央后，晋灵公才抬头看他，说："我知道我所办的错事，我打算改正。"但事实上，灵公只是嘴上说说而已，仍旧是没有丝毫改正的行动。赵盾为此多次劝谏，但灵公却把他当作祸患。还安排鉏麑去刺杀赵盾。当时，鉏麑趁早上人少，来到赵盾家，发现他家中的房门已经都是开着的了。往里走去，他看见赵盾早已穿好朝服坐在家中。但由于上朝时间尚早，他只得先闭目养神。鉏麑看了许久，慢慢地从赵盾家退了出来。他心里想，如此忠君爱民之人，如果我把他杀死了，岂不是罪过，但若不杀死他，就是违抗王命，对君不忠。既是左右都为难，不如以死谢罪吧。想着想着，他便一头撞上了旁边的槐树，死掉了。

此次刺杀以失败告终，但晋灵公并未死心，他又开始了新的谋划。他以喝酒为名邀请赵盾赴宴，然后事先在宴会周围埋伏好了武士，准备趁机杀掉赵盾。恰巧被赵盾身边的武士提弥明发现了。他走上殿堂前，对晋灵公说道：“臣陪君王宴饮，酒过三巡还不告退就不合礼仪了。”说罢，便拉起赵盾要告退。灵公见状，立即唤来恶犬，一口便咬住了赵盾。提弥明徒手上前搏斗，打死了猛犬。赵盾说：“不用人而用狗，狗虽然凶猛，又有什么用！”他们两人和埋伏的武士边打边退，结果提弥明为赵盾战死。幸亏其中的一位武士临阵倒戈，赵盾才得以全身而退。原来，之前赵盾在首山打猎时，曾遇到过一个叫灵辄的人，看到他快饿昏了，便给他一些东西吃，救了他一命。而现在的这位武士便是灵辄。

由于晋灵公处心积虑想要杀死赵盾，使他在国内根本无法容身。于是，他准备逃亡至其他国家去。当时，正要离开的他，听说族弟赵穿在桃园把昏庸的晋灵公杀死，于是便没有离开。谁知晋国的太史董狐记载道：“赵盾杀了他的国君。”赵盾听说后大呼冤枉。董狐说：“你作为正卿逃亡了却又没有离开晋国国境，回来后又不讨伐叛贼，所以国君不是你杀的，那又会是谁呢？”

后来，孔子说：“董狐是古代的好史官，记事的原则是直书而不隐讳。赵盾是古代的好大夫，因为史官的记事原则而蒙受了弑君的恶名。可惜啊，如果他出了国境，就会避免弑君之名了。”

## 赵氏孤儿

晋景公在位时，赵盾去世，其子赵朔承袭爵位。当时，司寇屠岸贾与赵盾不和，虽然赵盾已死，但屠岸贾依然对赵氏一族很痛恨。于是，他以惩治杀害灵公的逆贼为借口，鼓动晋景公诛杀赵盾子嗣。后来，屠岸贾在下宫攻袭赵氏一族，杀死了赵朔、赵同、赵括、赵婴齐，并灭了他们全族。

当时，赵朔的妻子已有身孕，又因她是晋成公的姐姐，所以逃至宫中，幸免于难。有一次，赵朔原先的门客公孙杵臼和程婴偶遇到了。二人在一起谈论起来赵氏一族之事。程婴告诉公孙杵臼："赵朔的妻子已有身孕，若所生是一个男孩，我将他抚养成人；但若所生是一个女孩，我会立即追随赵朔而去。"不久，赵朔的妻子在宫中生下了一个男孩，名为赵武。屠岸贾听说后，到宫中去搜查。赵夫人将刚诞生的孩子藏在了裙褥中，所幸孩子一直未出声，才得以逃了一劫。

后来，程婴从宫中将孩子抱出，并找来公孙杵臼商议，该如何保存赵氏血脉。

公孙杵臼想了一会儿，道："在你看来，是将这孩子抚养成人和死哪一个做起来比较难？"程婴回道："当然是抚养这孩子比较难，死有何难的。"于是，公孙杵臼以调包之计，用一个与赵氏遗孤差不多大的孩子，也有据说这个孩子是程婴之子，佯装为赵朔之子。二人带着这个假的赵朔之子，在追击而来的屠岸贾面前，上演了一场忠仆苦情戏码。最后，公孙杵臼和那个孩子都被屠岸贾斩杀了。而所谓的背信弃义的程婴则带着真正的赵氏遗孤躲进了山中。

十五年之后，晋景公苦于噩梦缠身，久病难愈，找来了巫师占卜询问。根据卦象显示，巫师直言是景公曾错杀了忠臣才得了此祸。景公不解，找来大臣韩厥查问。韩厥与赵朔交好，也自知赵氏遗孤尚活在世间。于是，他趁机为当年赵氏灭门昭雪。病恹恹的景公对占卜之事深信不疑，便问韩厥道："赵氏一族现在还有遗孤在世吗？"韩厥见景公的确有改过之心，便将实情告诉了景公。最终，赵武和程婴被迎回了宫中，赵氏一族的冤案得以昭雪，赵武也顺利继承了其父亲之前的爵位等。而司寇屠岸贾也被景公下令诛杀了。

赵武成人后，程婴自刎身亡。对程婴而言，当年下宫事变，他本就该追随赵武的父亲而去，若不是为了想要保全赵武，也不会苟且偷生多年。之后，赵武为程婴设立了祠堂，守孝三年，每逢春秋两季都会前来祭祀，世代不绝。

## 一鸣惊人的楚庄王

公元前613年，楚庄王即位做了国君。当时，晋国趁机将曾经依附楚国的几个小诸侯都城纳入了自己阵营。楚国大臣知道后，纷纷上书建议楚庄王出兵讨伐晋国。但是，楚庄王根本不听，仍旧日日寻欢作乐，对国事更是置之不理。

楚庄王的玩乐行为，让楚国群臣甚为担忧。有一天，大臣伍举前来拜见楚庄王。此时，庄王正在宫中饮酒玩乐，看见伍举，问道："大夫前来，是想喝酒，还是想赏舞乐呢？"伍举回道："臣前来，既不是为酒，也不是为了舞乐，而是心中有一个未解之谜，想要请教大王。"楚庄王听后，笑道："这挺有意思的，究竟是什么谜语？快快说来。"伍举缓缓道来："楚国的一座高山上，有一只美丽大鸟，它有五彩的羽毛，非常好看。但是，三年多却不见其飞，也不曾闻其叫，不知大王可否猜到这是什么鸟？"楚庄王听后，对伍举话里的意思已是了然于心。他笑着回道："此鸟必然不是寻常的鸟儿。它三年不动，估计是为了看清方向。而它三年不飞，应该是在休养生息。所谓三年不飞，一飞冲天；三年不鸣，一鸣惊人。何须着急呢？"伍举也是明了庄王的弦外之音，拜别道："还是大王英明。"而这也是后来"不鸣则已，一鸣惊人"的由来。

事实上，楚庄王之所以三年不上朝，那是在暗中蓄力，等待时机。之后，楚庄王奋发图强，不仅整顿内政，提拔了一批德才兼备的官员，还制定了新的法令，整顿了兵马。在庄王即位的几年后，楚国先后征服了多个小诸侯国，甚至还大败宋国、北边的戎族等。

楚国日渐强大，引起了周王的恐慌，周定王为了表示亲善，立即派出大臣公孙满前去慰问。庄王见了公孙满，一开口便是询问那象征天子权力的周王室九鼎的大小和重量。这就是史书上所说的楚庄王“问鼎中原”。也可见当时楚庄王称霸中原的野心。

# 节俭的季文子

季文子，鲁国宰相。他的家族是鲁国三大贵族之一，不仅地位显赫，而且非常富有。季文子成了宰相后，季氏家族也顺势成为鲁国三大贵族之首，几乎掌控了鲁国全部的军政大权。虽然身为贵族，又大权在握，但季文子却很崇尚节俭。

当时，三大贵族家族中，有个名叫仲孙它的人，对季文子的做法很是看不惯。他对季文子说："您作为堂堂宰相，可谓是富可敌国。您家的丝绸，就算是给所有鲁国人都做一身衣服穿，也不一定用得完，可您却总让自己的老婆孩子穿粗布衣服；您家里的粟米，就算拿来喂养鲁国全国的马匹，也会绰绰有余，可您却总让自己的马匹吃草。难道您就不怕百姓笑话您小气吗？不怕人家嘲笑您寒酸吗？"

季文子听后，笑答道："这个世界上，有哪个人是不愿享荣华富贵呢？我本人当然也很想这样，也希望家人能一生富贵无忧。可是，我是这一国之宰相啊，我看到那些吃不饱、穿不暖的鲁国百姓，我哪里有脸面想着自己和家人的富贵啊。"听了季文子的回答，仲孙它十分惭愧。他痛改前非，以季文子为榜样，开始发奋读书。后来，此事传遍鲁国，无论是达官贵族，还是平民百姓，都纷纷向季文子学习，使鲁国上下都形成了一种崇尚节俭的社会风气。

此外，季文子做事有个显著的特点，那就是十分小心谨慎。成语"三思而行"，所说的就是季文子。同样在节俭这一问题上，他也是再三思考的。

在他看来，节俭不仅是个人的作风问题，其中也有深刻的政治道理。节俭是爱民的起点，只有力行节俭，才能更好地治理国家。当时，孔子听了季文子的事迹后，在设坛讲学的时候，也对季文子大为赞赏。

# 秦穆公智赎百里奚

百里奚，春秋时秦国重臣。事实上，他本是虞国大夫。公元前655年，晋献公攻占虞国和虢国，百里奚与虞国国君一同被俘虏了。后来，晋国与秦国联姻，百里奚作为奴隶，陪嫁秦国。刚到秦国的百里奚一直都在想发设法的逃跑，恰逢此时机，他便在半路成功逃走。但是，不幸的是，在逃亡途中，他被楚国士兵抓住，献给了楚成王。

当时，群雄并起，位于西部边陲秦国与其他诸侯国相比，国力完全不在一个层次上。时在君位的秦穆公却一直都是胸怀大志，想要称霸中原，只是苦于无贤能之士相助。于是，他在全国各地广纳人才。后来，有人向他推荐了百里奚，说他有治国安邦之才能。

秦穆公立即派人前往楚国寻找百里奚。当时，楚成王不识百里奚才能，只安排他在楚做了一个养牛的杂役。秦穆公担心贸然以重金去为百里奚赎身，会招来楚成王的怀疑，从而从中作梗，导致人财两失。于是，他让使臣只带了五张公羊羊皮，佯装只是为了买一个奴隶而已。楚成王果然没有在意，欣然同意，将百里奚交给了秦国使臣。

百里奚被带到秦国后，秦穆公亲自面见了他。在二人的讨论中，百里奚侃侃而谈，言语中表现了出色的治国才能，让秦穆公刮目相看，立刻封他为相国。百里奚一再谦让，还向秦穆公推荐了好友蹇叔。不久，秦穆公便花重金将蹇叔请到了秦国。

之后，在百里奚、蹇叔的共同辅佐下，秦国逐渐强盛起来，从一个偏远落后的小国变成了有能力逐鹿中原的大国，这也为以后秦兼并六国、一统天下奠定了基础。

也正因为百里奚是用五张公羊羊皮买回来的，秦人都称其为“五羖大夫”，而羖指的就是公羊。

## 秦穆公伐郑

公元前628年，晋文公因病去世，其子晋欢继承王位，史称晋襄公。当时，郑国有一叛徒跑到秦国对秦穆公说："郑都城城的城门是由我来看守的，若秦国发兵攻打郑国，我一定会与你们里应外合，打开城门迎接的。"秦穆公听后，非常心动，想派军队偷袭郑国。但这个决定遭到了秦国大臣百里奚和蹇叔的坚决反对。在他们看来，跨越多个国家的领土去攻打郑国过于冒险。且这个叛徒的话可信度也不高，他完全可能是双面间谍，一面告诉秦国郑国的情况，一面又将秦国的情况告诉郑国。但此时的秦穆公根本听不进去二人的话，他决心已定。于是，他任命百里奚的儿子孟明视和蹇叔的儿子西乞术与白乙丙三人，带领军队去偷袭郑国。

当秦国军队走到了晋国的附属国滑国时，巧遇到郑国商人弦高。弦高佯言，郑国早已有了防备。孟明视、西乞术与白乙丙三人听后，商量决定放弃攻打郑国。但千里迢迢而来，他们又十分不甘心就此打道回府，所以就决议转而去偷袭滑国。

当时，正在为晋文公服丧的晋襄公听到滑国被灭，十分愤怒。他召集大臣商量对应之策。事实上，晋襄公本人早已有了决定。他认为，秦国人趁晋国服丧期间公然挑衅，实在欺人太甚。于是，当即出兵攻打秦军。

而另一边，秦军灭了滑国后，正得意扬扬踏上秦国返程。当大军行至峭山山谷时，遭到了晋国军队的伏击。结果秦军大败，孟明视、西乞术与白乙丙三人也被晋国军队活捉了。

当时，晋襄公的母亲是秦穆公的女儿，她担心两国会因此生了嫌隙，于是前来劝说襄公。晋襄公听了母亲的话，就把孟明视等三人放回了秦国。

当孟明视、西乞术和白乙丙三个人回到秦国时，秦穆公穿着一身白色衣服，亲自来城门前迎接。他后悔道："我若当时听了百里奚和蹇叔的劝说，你们也不会受到如此大的侮辱，这次的败仗不是你们的错，都是我的错啊。"那之后，秦穆公不仅没有处罚他们，还让他们官复原职，对他们也比以前还要好。

其后，秦国多年韬光养晦。孟明视认为，秦军可再与晋军作战了，便请求秦穆公发兵攻打晋国，以报崤山之仇，秦穆公同意了。但是，这一次发兵也是以失败告终。虽然连续败了两次，但秦穆公觉得孟明视等人志气可嘉，并没有过多责备他们，而是依旧信任他们。

公元前624年，秦军第三次出兵晋国。此战，秦军大获全胜，不仅收复了之前的失地，还一展秦国雄威。起初，秦国附近的一些部落根本没有把秦国放在眼里，但后来看到秦国居然打败了中原霸主晋国，这些部落又争先恐后前来进贡，前前后后有二十多个部落归顺秦国。后来，连周襄王也派人前来向秦穆公祝贺，并且赏赐了秦国十二面金鼓。这实际上也就是正式承认了秦穆公的霸主地位。

# 晏子相齐

晏婴，又被世人尊称为晏子，是春秋战国时代最有才德的宰相之一，连孔子都常常赞美他。

晏婴有两大优点：一是口才好。也正是因为他超群的口才，他经常被齐王安排出使他国，且他的每一次出使也都能为齐国带来连连称赞。

二是身为宰相，位高权重却很节俭。他从来不在意自己是否富裕，只一心想要齐国强盛，人民安泰。特别是做了宰相之后，他的生活依旧是简朴如前，不仅吃的是粗茶淡饭，穿的是粗衣布衫，而且乘的车子、住的房子都是破旧不堪的。

当时，齐景公看到总是穿得破破烂烂的晏婴，曾多次想要赏赐金银珠宝、豪宅与他，但统统被晏婴回绝了。于是，齐景公只得趁着他出使他国，秘密的将他那破旧的房子翻新、扩建了，但这并没有动摇他对节俭之风的坚守。回国后的他，虽然对君王的行为心存感激，但仍旧果断毁了新的住宅，恢复原来的样子，甚至于连被赶走的邻居们也一一被他请了回来，并且为他们整修了房屋。之后，齐景公见晏婴的妻子又老又丑，想要把自己的爱女嫁给他。但为了不背弃自己的妻子，他也果断回绝了齐王。

正是因为晏婴高尚的品德，齐国百姓们都非常尊敬他，齐王对他也很信任。

当时，齐景公嗜酒成性，一连喝了七天的酒，还准备继续喝下去。大臣弦章见状，以死相劝。齐景公虽然生气，但也不想忠臣赴死，一时进退两难。恰巧晏婴进来了。他笑道：“弦章也真的幸运，遇到了您，如果遇上像纣王那样的昏君，估计早被杀了。”听了晏婴的话，齐景公立刻停止了酗酒行为。

后来，在晏婴等贤臣的辅佐下，齐国重新强盛了起来。

# 弭兵之盟

“弭兵”指的是停止战争的和平运动。春秋时期，楚国和晋国之间战事频繁，长期的拉锯战也使得两国国力急剧下降，且任何一方没办法真正的完胜对方。于是，弭兵会盟不失为一种解决之道。事实上，楚国和晋国之间曾有过两次的弭兵会盟，在缓解激烈的争霸战争上都起到了积极的作用。

第一次弭兵之盟发生在公元前579年。当时，位于晋、楚两大国之间的宋国因战事已经很久没有过过安稳的日子。宋大夫华元既与晋国执政卿栾武子有交情，又与楚国令尹子重交好。于是他奔走于晋、楚之间，以调解晋、楚两国的关系，最终促成了晋、楚的和好。双方约定不再交战，如一方受到侵害，另一方应支援。然而这次盟约仅仅维持了三年，到了公元前576年，就爆发了晋、楚鄢陵之战，第一次弭兵之盟宣告失败。

鄢陵之战后，楚国战败，但作为战胜国的晋国仍未改变内忧外患的局面。晋、楚、齐、秦等春秋大国皆有意弭兵。于是，公元前546年，宋国大夫向戌发起第二次弭兵会盟。这次除了晋、楚两国参加之外，还有十二个诸侯国参加。在会议上，各国承认晋楚两国同为霸主，其中各小国需向它们同时纳贡，而齐、秦不需要朝贡。

弭兵会盟后，春秋争霸战争暂告一段落，战争相对减少了，但中原小国受到晋、楚两国的双重剥削。大国对小国诛求无时，穷征暴掠；小国要“尽其土实，重其币帛，供其职贡，从其时命，贺福吊凶”，对晋楚两国承担繁重的贡赋。晋、楚双方以牺牲小国利益的方式达到暂时的和解。

# 专诸刺吴王

专诸，春秋时期著名刺客，吴国人。

公元前527年，吴王诸樊逝世，公子僚即位。这让身为诸樊之子的公子光非常不服，便暗中打算弑君夺位。当时，公子光喜获了一名勇士，这便是专诸。为了让专诸能全心全意去刺杀吴王僚，所以公子光对他特别宠爱。

公元前516年，楚国国君楚平王去世。吴王僚趁楚国丧事期间，起兵攻打楚国。结果吴军遭遇楚军包围。公子光听说后，非常高兴。于是，公子光招来专诸，说道："父王去世后，本该由我继承王位，但却被叔叔夺去了，现在他的兵马都被围困在了楚国，这正是上天赐予的好机会。我想趁机刺杀他，夺回王位，你是否愿意相助我？"专诸回道："公子对我恩重如山，报答您是情理之中的。但是我上有高堂，下有孩儿，若我出事，他们的后路实在令我担忧啊。"公子光说："这个你放心，我定会安顿好他们。"于是，专诸便拜谢公子光，答应了刺杀一事。

不久后的一个晚上，公子光邀请吴王僚到府中做客。虽然吴王僚欣然答应了，但事实上，他还是时刻警惕着公子光的。从王宫出来，到公子光府中，随时随地有亲兵护卫，连吃饭的时候也不例外。公子光陪吴王僚喝了一会儿酒后，假装有事，退出了酒席。出来后的公子光见了早已等候在旁的专诸，说道："接下来就全靠你了。"

专诸将利刃"鱼肠剑"藏在吴王僚最喜欢吃的烤鱼中，准备趁递烤鱼的机会刺死吴王僚。

当时，吴王僚正兴致勃勃地观赏歌舞，根本没有在意危险已经悄悄来临。专诸走到吴王僚面前，把烤鱼慢慢放在桌子上，趁其不备，伸手从鱼肚中掏出“鱼肠剑”，一下子刺进了吴王僚胸口上。吴王僚根本没有反应的机会，连一句话还未说出口，便倒地死去了。随侍亲兵都惊呆了，连忙冲上去，杀死了专诸。此时，公子光也带着士兵闯了进来，大败吴王僚的亲兵。

只一个晚上，公子光便掌控了吴国上下的政权，即位为王，他便是历史上有名的吴王阖闾。阖闾于是封专诸的儿子为上卿。

# 伍子胥复仇

伍子胥，楚国名将伍奢的次子。公元前522年，楚平王听信谗言，将伍子胥的父亲和哥哥统统杀死，伍子胥因此被迫逃亡吴国。

当时，要去吴国就必须要过昭关。昭关是一座地势十分险要的关口，它位于两座大山的中间，一直是楚国的防守要塞。在这里，只要城门一关，任何人都插翅难飞的。但若安全过了此关，前途也是一路顺坦的。

正因为昭关的地理位置十分重要，这里一直都有楚国的重兵把守。而此时，楚平王也算准了伍子胥会由此地前往吴国，更是严加防范起来，特地派出大将驻扎防守，准备守株待兔，围堵伍子胥。他们在关城门上挂出伍子胥的画像，不仅对人员进出进行严格把控，还对来往人员进行了仔细的盘问。

当时，伍子胥并不知晓昭关已是严阵以待，只等他来的情况。他带着随行的少数人员准备休息一下后就立即过关。恰巧，路过的一位老人看见他们，对着伍子胥言道："不知伍将军这是要去哪里啊？"伍子胥一听，顿时一愣，假装镇定回道："老人家你认错人了，我不姓伍啊。"老人笑着回道："我前些日子去昭关给人看病，看到了将军的画像挂在城墙上，若将军现在去昭关，恐怕是自投罗网啊。若将军放心，我家就在附近，不如你先随我回家，稍后再作打算吧。"伍子胥见老人话语真挚，便同他回了家。后来，在这位老人的帮助下，他们找了一个与伍子胥体貌相似的人打掩护，伍子胥才得以顺利混出了昭关。

到了吴国之后，伍子胥果然受到公子光的重用。他不仅帮助公子光刺杀当时的吴王僚，成功登位为王。还向公子光推荐了当时的大军事家孙武。孙武将自己写的兵法献给了吴王，协助吴国进行军队训练。

经过六年的累积，吴国国力大大增强，军队也是训练有素。于是，公元前506年，吴王阖闾以孙武为主将，伍子胥为副将，公子夫概为先锋，亲自挂帅，率军攻打楚国。吴军在孙武的指挥下，长途跋涉了近一千多里路，从楚国的东北部发动突击，一路长驱直入，五战五胜，把楚国二十万大军打得是落花流水，直逼楚国京都。当时的楚国国情是这样的：楚平王已去世，他的儿子楚昭王见大势已去，吓得弃都而逃。就这样，吴国大胜，楚国大败。

但伍子胥却一直闷闷不乐，没有手刃仇人是他一生的痛。于是，他来到楚平王的墓前，命人掘了坟墓，开了平王的棺材，开始用鞭子狠狠抽打着平王的尸体，边打边说道：“父亲、哥哥今日我替你们报仇了。”一连打了三百多下才肯罢手。但伍子胥并没有因此解气，之后，他极力劝说吴王阖闾灭了楚国。

# 申包胥救楚

吴王阖闾率领军队占领楚国首都，誓要杀死楚昭王。当时，楚国有个叫申包胥的大臣，听说伍子胥掘了楚平王的墓，还鞭尸三百多下，他痛心疾首，不仅书写伍子胥的罪行表示愤慨，还明确表示要救楚。

事实上，申包胥和伍子胥是年少时期便相识的好友。当时，伍子胥逃离楚国时，申包胥曾前来相送。伍子胥对他说："未来的某一天，我一定会回来复仇，灭了楚国的。"申包胥叹气道："那你要好好加油了。不过即使你灭了楚国，我也会复兴楚国的。"

由于楚昭王与秦哀公有亲属关系，申包胥便想去秦国借兵复楚。他走了七天七夜，经过长途的跋涉，终于来到了秦都城城雍州。此时的他已是伤痕累累，饥肠辘辘。秦哀公知道申包胥是前来借兵的，但若出手救楚，又无利益可图，他也不愿插手他国事务，于是选择了不接见申包胥。

申包胥见秦哀公不愿相见，顿时心灰意冷，只得日夜在秦国王宫宫殿下大哭。秦哀公感念他的忠心，派人天天给他送食，他也一律不吃，只是日日夜夜哭泣。一连哭了七天，秦哀公终于被申包胥的忠诚和坚持打动了，他感叹道："楚国能有如此忠臣，怎能就这样被灭亡了啊。虽然楚王昏庸，但是他的子民是无辜的啊，不应该承受这妻离子散、家国覆灭的惩罚啊。"于是，秦哀公出兵救楚。

当时，秦、吴两国大军在楚国边界正打得激烈，吴军先锋夫概趁机跑回吴国，自立为王。后院起火，吴王阖闾无心恋战，便派人与秦国讲和。秦王答应撤军，但条件是必须恢复楚国。就这样，楚国在申包胥的拯救下得以复国。复国后，楚王想对申包胥加官晋爵，但申包胥坚决不肯接受，还带着家人隐居了起来。

## 兵家之祖

孙子，名武，字长卿，生于齐国贵族田氏世家。他的爷爷田书、父亲孙凭都是齐国名将，家族因功被赐孙氏。受家庭环境的熏陶，孙武自小对军事非常感兴趣。

当时，孙武想要施展自己的才能。恰巧，公元前514年，阖闾登上吴国王位。初继位的吴王一心想要扩充军备，以图霸业。因此，此时的吴国正是急需军事人才的时候。于是，在吴国大臣伍子胥推荐下，孙武获得了阖闾接见的机会。他向吴王献上了自己撰写的兵法著作。吴王看后，对孙武连连称赞。这本著作就是大名鼎鼎的《孙子兵法》，此书共六千多字，共分为十三篇，涉及战略运筹、作战方法、军事地理等多方面，不仅有精到的分析，还有严密的体系，极具军事作战的实用价值。

公元前506年，吴王以孙武和伍子胥为将，发兵攻打楚国，大获全胜。吴国也因此确立了在诸侯中的霸主地位。之后，孙武向吴王奏请归隐。隐居后的他，依据自己在吴期间的实战经验，不断地修订自己的兵法，这也让《孙子兵法》越来越完善。

总之，作为世界现存最古老的兵书，《孙子兵法》的出现为后世的军事家、政治家等提供了丰富的谋略灵感，同时作为最古老、最完备的军事著作，它被翻译成多国语言，在很多国家流传，且在很多领域也影响深远。而他本人也因为军事上的才能与成就，被后世尊为“兵圣”“兵家之祖”。

## 勾践卧薪尝胆

公元前496年，夫差继承父位，成为吴王。为完成父亲的遗志，他励精图治。即位第二年，在夫差的率领下，吴国在夫椒大败越国。

当时，越王勾践被吴军围于会稽山，谋臣范蠡献计贿赂吴国太宰伯嚭，让他劝夫差不要灭掉越国，准许越国向吴称臣。于是，夫差没有听宰相伍子胥的灭越主张，而是同意了勾践的求和，并让勾践夫妇在吴国服侍他。

为了羞辱勾践，夫差把他安排在阖闾墓旁的一个小石头屋里。不仅让他守墓，还让他喂马。每当夫差出门时，他都会让勾践牵着马，在队伍中随行，并派人暗中观察他的神情。为了让夫差放松警惕，他在夫差病时亲尝其大便，为其治病所用。皇天不负有心人，最终夫差相信了他的忠心，并在三年后，将他们放回来越国。

回到越国后，勾践决心复仇。为了防止自己忘记这奇耻大辱，他屋中悬挂了一个苦胆，每在饭前必先尝苦胆，以此告诫自己。这也是后来成语“卧薪尝胆”的由来。

他一方面任用范蠡、文种主持军事、国事；另一方面，免收百姓七年的赋税，身体力行，与夫人一起去田间劳作。在这种休养生息的政策下，不仅大大减轻了人民负担，还提高了他们的劳动积极性，使越国的粮食储藏大大增加。在军事上，他严明军纪，加强训练，使越军的战斗力大大提升。

此外，勾践也在暗中想方设法削弱吴国的力量。一方面，他向吴国表示忠诚借以麻痹吴王，让夫差对他深信不疑，放松警惕，只顾四处征战，以谋求诸侯霸主地位。另一方面，他使用离间计，让吴国内部发生矛盾，并借夫差之手将伍子胥除掉。

公元前482年，趁着夫差率兵与晋国开战之时，勾践果断发兵攻吴，并轻而易举地攻入吴都城城，杀死了吴国的太子。但因自身力量不足，在夫差求和后，勾践就撤兵了。后来，又经过几年的休整，于公元前473年，勾践再次举兵伐吴。吴军不堪一击，全线崩溃。夫差再次向勾践求和，但被拒绝。最后，夫差只得自杀身亡。

不久，勾践率军渡淮河，与诸国会盟，连周天子元王都派人前来，并册封勾践为“侯伯”。从此以后，越国越发强盛，周边各诸侯小国无不顺从，勾践也成为春秋时期的最后一位霸主。

## 范蠡三迁

范蠡，字少伯，楚国人。

在他的辅佐下，越王勾践成功灭吴复国。当时，灭亡了吴国后，越国举国欢庆。越王勾践大摆宴席，看似十分高兴，但范蠡却发现了他的不快。范蠡跟在勾践身边多年，知道他的野心不仅仅于此，而且患难与共是可以的，但是共富贵却是困难的。于是，为保全性命，范蠡向勾践提出离开的请求。勾践自然是再三挽留，但范蠡已是决心离去。在他看来，“飞鸟尽，良弓藏；狡兔死，走狗烹。”越王生性多疑，不可共处安乐。范蠡与文种曾共同辅佐勾践，临行前，他还劝说文种一起隐退，但是文种自恃劳苦功高，不愿就此放弃。后来，事实也证明范蠡的离开是明智之举。因文种功高震主，勾践害怕会威胁自己的地位，逼着他自杀了。

离开越国，范蠡北上到达齐国。他改名换姓，以“鸱夷子皮”为名，开垦海边荒地，围海煮盐，捕鱼养殖。在一家人的齐心协力劳作下，不过几年时间，便累积了数十万的资产，更是成为当地闻名的富翁。后来，齐王听闻范蠡的故事，觉得此人能力超群，便拜他为相，管理齐国政事。

高官厚禄并没有让范蠡在此地长期逗留。在他看来，他从一介平民到家产数十万再到官至相位，已然是极致了。若长期居于如此高的位置，拥有如此多的财富，必然是弊大于利的。于是，他再一次提出了离开。不仅归还了相印，还将自己的大部分财产分给了当地人。然后，他带着些许银两离开了此地。

后来，范蠡一家来到了陶地。陶地乃是当时的交通要塞。这里人流鼎盛，因此多商贩汇集，十分繁华。范蠡认为此地是一个做买卖的好地方，便在此地定居了。他又再一次的改名换姓，自称陶朱公。他们在此地不仅从事农业、种植业，还涉足商业领域。凭借着敏锐的市场信息感知力，他采用薄利多销之法，在这里站稳了脚步，之后迅速收获了丰厚家产。

范蠡此人原不过是楚国的一介平民，他的一生可谓极具传奇色彩。辅佐越王勾践复国，之后毅然决然急流勇退。之后，两次改名换姓，在齐国从事农业，积累了数十万家产，被齐王任命为相；在陶地从事商业活动，又再一次成为巨富。可以看出他的每一次成功不是偶然的，而是他审时度势，勤勉自律的结果。

# 老子出关

老子，姓李，名耳，字聃，又称老聃，春秋时楚国人。据说老聃自小聪慧，爱好学习，喜欢思考。在老师商容的推荐下，他有到周朝都城学习的机会。在那里，他博览群书，不管是天文地理还是历法伦理，他都沉浸其中，乐此不疲。后来，因为才学突出，他入周朝守藏室为官。当时的人们对那些知识渊博的人都会用“子”来表示尊称，于是老聃便有了“老子”这一称呼。

公元前516年，周王室内部发生严重动乱。老聃见王室腐朽，无力回天，便生了归隐之心。于是，他骑着一头青牛前往函谷关，准备出关西游。当时，负责镇守函谷关的官吏尹喜爱好天文，好读古籍，颇有学问。他立于函谷关上远眺，忽然发现一团紫气从东方缓缓而来。尹喜知道这是紫气东来之象，意味着将有圣人到来，心里激动不已。不久，他便看到一个老人骑着一头青牛从东方悠悠而来。尹喜认出这人就是老子，知道他此次出关后，难再有相见的机会。于是，他再三请求，让老子写些东西，好留个念想，传于后世。为了能赶快出关，老子只得答应。

据说当时老子留下的就是《道德经》。此书共分为八十一章，五千余言，分为上、下两篇。上篇主讲宇宙间的阴阳变化之道，为《道经》；下篇主讲处世之道，为《德经》。后来这本书被认为是道家开山之作，是道教之经典。

## 土木之祖

鲁班，姓公输，名班，是鲁国贵族。因其家族世代为工匠，自小耳濡目染让他少年成名，成为当时鲁国很有名的匠人。

在木工方面，他的成绩斐然，其中以各类木工工具的发明最为突出。当时，木匠常用的工具多是刀、斧，而这些工具在制作上不仅费时费力，而且做出的东西也不美观。鲁班一直想要改变这样的情况，但一直没有很好的对策。

有一天，他去山中采集木料，在攀爬的过程中，一不小心用手拉了一下旁边的野草，结果一阵刺痛由掌心传来。他伸开紧握的手，发现早已沾满了鲜血。看着受伤的手掌，他陷入了沉思，竟然连疼痛也忘记了。他拔过旁边的野草仔细端详，发现草的叶子边上布满了细密的尖齿，且碰一下都很锋利。受到这野草的启发，回到家中的鲁班制作出了锯子。正是对生活中的各类事物的留心观察和不断思考，除此之外，鲁班还发明了刨子、钻、曲尺等工具，不仅大大提升了木匠的工作效率，也让木材在切割、连接等步骤上更加的美观、牢固。

鲁班对古代兵器的制作也有不可忽视的影响。当年，鲁班在楚国巡游时，楚王对他礼遇有加。知恩图报的鲁班为了答谢楚王，便发挥自己的才智，为楚王造出了云梯，这成了后来古代战场上攻城必不可少的器具。此外，还有钩拒。这是士兵水上作战时战船上的必备战具。可以说，这些新型战具的使用大大提升了楚军的战斗能力，可谓是所向披靡。直到现在，鲁班的精湛技术仍然被津津乐道，在工程建筑上，更是“祖师爷”一般的存在。

# 颜回与子贡

子贡和颜回都是孔子的弟子。颜回字子渊，鲁国人，后人又称他为颜渊。他十三岁时拜孔子为师，十分好学，可谓是孔子众多弟子中最得意的弟子。他生活相当拮据，但仍然坚持读书，刻苦钻研学问。他以德行著称，并且十分尊重老师。子贡姓端木，名赐，子贡是他的字，卫国人，曾经任鲁、卫两国之相，是孔门七十二贤中最有作为的一位。此外，他还是春秋时期了不起的外交家和商人，被后世奉为“儒商鼻祖”。孔子曾称其为“瑚琏之器”。他巧于言辞，善于雄辩，并且办事十分通达。他还善于经商之道，曾经在曹、鲁两国之间经商，是孔子弟子中的首富。

子贡口才很好，有经商方面也很有成就。他对政治很感兴趣，在鲁国、卫国政府中担任过重要职务。有一次，鲁国受到齐国威胁，子贡先后去了齐国、吴国、越国和晋国，他挑起这几个国家之间的战争，小小的鲁国因此避过了一场灾难。

子贡虽然很有才华，但和颜回比起来还存在着不小的差距。有一次，孔子问子贡：“你和颜回相比，谁更有才能呢？”子贡回答说：“我和颜回根本就没法相比！颜回听到一件事，就能由此知道十件事；而我听到一件事，只能知道两件事。”孔子说：“我同意你的说法，你和我确实不如颜回啊！”

这也是成语“闻一知十”的由来，指听到一点就知道许多，形容一个人非常聪明，可以触类旁通。

## 伯牙绝弦

伯牙是春秋时期音乐家，善弹琴，可谓是名噪一时。伯牙年幼时就对音乐显示出了极强的兴趣。当时，举世闻名的成连见他天赋很高，遂收他为徒，尽心教学。在师父成连的带领下，伯牙四处游历，领略各地的自然风光，汲取精华作为音乐上的灵感。

每当伯牙拨动琴弦时，无人不驻足聆听。人们赞美他的高超的琴技，但却无人能真正懂得其中的真谛。他虽举世闻名，身边却无一个知音，个中寂寞只有自己知晓。

直至钟子期出现，才解开了伯牙多年的心结。当时，伯牙奉命出使楚国，恰巧乘船至汉阳江口。因江上风浪过大，伯牙一行人不得不选择靠岸暂留一夜。随着风浪的停息，伯牙临江远眺，沐浴这皎洁月光，听着水声拍岸，顿时心胸豁然开朗，遂拿出琴弹奏了起来。

一曲尚未结束，忽然琴弦崩断，伯牙大吃一惊。他举目四顾，忽然发现有一人停留在岸边。四目相对，伯牙的眼中满是疑惑，只见那人缓缓回道："我是附近的樵夫，听到琴音如此绝妙，不由自主地站住，听了起来，还望您不要见怪。"伯牙见惯了驻足听曲的人，本该不以为然，却不知怎的竟然开口问道："你从我的琴音中听出了什么？"樵夫回道："先生刚才所弹乃是孔子赞叹弟子颜回的曲谱。"伯牙很震惊，没想到一个樵夫竟如此识曲。

之后，他换了琴弦弹奏起了曲子，请樵夫品鉴。当伯牙的琴音高昂激荡时，樵夫言之宛若巍峨高山，当伯牙的琴音婉转灵动时，樵夫则言之若不息流水。伯牙很惊讶，他的心中所想，透过琴音，皆能被这位樵夫一一准确说出来。他欣喜万分，这就是他一直苦苦找寻的知音啊。这个樵夫就是钟子期。

二人把酒言欢，弹琴说艺，满心都是相见恨晚。无奈伯牙要前往楚国，只得与钟子期暂别，并许诺来年定会再来此地。

世事难料，当伯牙再次来到此地时，一切都是曾经的模样，唯独没有了钟子期在旁。原来，钟子期早已染病去世了。俞伯牙痛心疾首，来到钟子期的坟前，弹奏起了当年那首《高山流水》。一曲弹罢，满目伤情，想到再无知音，伯牙拿起自己心爱的琴摔在地上。

自此，伯牙绝弦，不再弹奏。

# 战国篇：合纵连横　诸侯争霸

## 三家分晋

当年，骊姬乱晋，造成晋献公不再立公室子孙为贵族。后来，又经过晋文公对公族的打击，对异性之臣的扶植。久而久之，晋国王室的权力日益衰落，反而卿大夫的权力日益增强。

春秋晚期，晋国的大权实际掌握在六卿的手中，即魏、赵、韩、范、智和中行氏，这其中，以智氏的实力最强，其他五家皆不能与之匹敌。公元前458年，智、韩、赵、魏四家联合，将范氏和中行氏两家成功灭亡。自此，原本的六家只剩下四家。事实上，智氏家族一直都是野心勃勃，想要吞并其五家自立为王。

当时，智氏家主智伯瑶为了解决其他三家，暗生一计。他提议，四家各向晋王室奉献一定的土地和人口以强化晋王室的权力。其他家虽然知道智伯瑶此举意在削弱各家力量，但也只得献上土地和人口。唯独赵家不肯答应，在赵家家主赵襄子看来，这些土地和人口都是赵家祖先凭借功劳获得的，他没有义务交出。智伯瑶知道后，怒不可遏，随即借口联合韩、魏两家，进攻赵家，并许诺灭了赵家后，三家平分赵家财产。

公元前455年，智、韩、魏三家联合发兵，进攻赵家。当时，赵襄子见三家联合，自知不敌，便率军退至晋阳防守。

晋阳城不仅城高难攻，有晋水环绕，而且城内粮草充足。赵家据城而守，智伯瑶花费了三年都没有成功将其拿下。直至公元前453年，这一僵局才得到打破。当时智伯瑶正在观察晋阳城的地形。面对绕城而流的晋水，他突然灵机一动。立即让士兵在晋水的上游修建水坝。由于旱季，晋水水量较少，水坝工程很快就完工了。众人不解，直至到了雨季，才恍然大悟。雨季的到来，让晋水水位大增，原先的水坝已是难以积蓄。智伯瑶立即让士兵开闸泄洪。一时间，奔腾洪水顺流而下，瞬间将晋阳城淹没了。

智伯瑶、韩康子和魏桓子站在高处，眼看着水淹晋阳城。此时的智伯瑶得意扬扬，韩康子和魏桓子内心却是五味杂陈。因为他们各自的封地都有河流环绕，若有朝一日，智伯瑶用此法对付他们，岂不是难逃一死。

另一边，晋阳城遭到水淹，赵襄子十分恐慌，急忙召集谋士商议对策。有一位名唤张孟谈的谋士说道："我觉得为今只有寄希望于韩、魏两家了。在我看来，他们联合智伯瑶攻打我们，主要还是畏惧智家的力量。您且让我去说服这两家，若他们能够倒戈，赵家面临的困境就迎刃而解了。"赵襄子答应了。

于是，张孟谈连夜到达了韩、魏大营。事实上，韩康子、魏桓子也正忧虑重重。在和张孟谈商谈许久后，为了各自的利益，他们同意与赵家联合对付智伯瑶。为免夜长梦多，三家商议第二日晚上就发动起义。当时，智伯瑶还在睡梦中。谁知，大帐外早已被水淹没。智伯瑶所率军队还未反应过来，此时的战斗力也是十分低迷。突然间其他三家的士兵带着武器乘船而来。一时间，嘶喊声、擂鼓声不绝于耳，智伯瑶的军队死伤惨重，就连他自己也被生擒。

智家被灭之后，韩、魏将曾经被智伯瑶强占的土地都收了回去，而剩下的智家的土地也被这三家共同瓜分。自此，韩、赵、魏在晋国形成了三足鼎立的局势。

公元前403年，晋国已然是无力回天，失势的周天子只得答应了韩、赵、魏三家的要求，封了他们为诸侯。这一事件被后世称为"三家分晋"。

自此，韩、赵、魏三国与秦、齐、楚、燕四个大国，开启了一个新的时代，即战国时代，春秋时代也到此结束。此后，这七国为了土地利益，彼此之间争霸不断。

# 魏文侯选相

魏文侯魏斯，魏桓子之孙。当年晋哀公去世后，韩康子、魏桓子、赵襄子三人将晋国一分为三。这其中，魏桓子建立了魏国。

魏文侯即位后，深知国家的强盛不仅需要君主有贤德，还必须要有能力的臣子来辅佐。为了能找到一位合适之人担任相位，魏文侯可谓是绞尽了脑汁。他招来谋士李悝商议，想要听听他的建议。当时，魏文侯的身边有两位能臣，一位是魏成子，一位是翟璜。二人各有其能，可以说皆能堪此重任。但在这二人中选择一位能辅佐他成就霸业的最佳之人，魏文侯一直举棋不定。

李悝知晓了魏文侯的犹豫后，他作为臣子，一开始还是不敢对此妄加言语的。但是经不起魏文侯的几番劝说，便直接说出了自己内心的想法。李悝很聪明，他没有明确说选二人中的哪一个人，只是给了一个标准，让魏文侯自己去判断、选择。

这个标准共有五条：一是观察此人平日交往之人都是何样之人；二是观察此人在显贵时所交往的是何样之人；三是观察此人在显赫时所举荐的是何样之人；四是观察此人在穷困时的所行之事；五是观察此人在潦倒时对事的态度等。在李悝看来，通过这一标准的评判，可以清楚地了解这个人的品行。魏文侯听后，思考了很久，突然间恍然大悟道："先生所言，我已十分清楚，该如何选择，心中已经有了决断。"

李悝未多言，退出了宫中。途中，他偶遇上了翟璜。翟璜向他问起相位之事，李悝根据自己的判断，并未加掩饰，答道："魏成子。"翟璜听后，不甘心地问道："魏国现在的很多被重用的臣子都是我推荐的，如吴起、西门豹、乐羊，甚至先生您也是我推荐的。如此来说，我与魏成子相比，差距在何处呢？"

李悝答道："我只是给大王提出了一个评判人的标准，并无言其他，一切的选择还是由大王所做出的。再者，您说您善于举荐贤才，虽然这些您刚才所说之人皆得到了大王的重用，但是他们皆是被以作为臣子的身份来对待的。但是魏成子则不同，您仔细想想他所推荐之人，则皆是被大王作为老师来对待的。仅仅这一条，可见您二人的差别啊。"翟璜听后，向李悝拜礼答道："是我心胸狭隘了，要向您学习，还请您不要介意。"

事实上，魏文侯在和李悝的谈话中并没有将最终的相位人选告诉于他，一切都不过是李悝的猜想罢了。不过，事实上，后来魏文侯也的确如李悝所猜想的那样，选择了魏成子为相。

# 李悝变法

李悝，魏国人，公元前406年被魏文侯任用为相。他的变法以及后来的吴起变法、商鞅变法都影响深远，他被后世人称为是法家的“祖师爷”。

首先是在经济上，主张“尽地力之教”。他十分鼓励百姓们开辟耕地，勤劳耕作，还主张百姓要丰富农作物的品种，而不仅仅局限于一两个农作物。如此这般，才能保证在一种农作物受到灾害时，其他的农作物能有丰收，不会颗粒无收。甚至于，他还主张农民要充分利用土地进行副业生产，如在房子旁种植果树等等。

在李悝的经济改革中，“平籴法”是一个很重要的政策。主要是根据收成的好坏将每年的粮食产量分为三个等分，即上、中、下三等，并要求各地官府在收成较好的年份，要按照等级平价买进一定数量的粮食，以作储备，而在收成不好的年份，要求官府要按照一定的等级平价将一定量的粮食卖给百姓，保证民有粮食用。可以说，“平籴法”的实行成功的遏制了不法商贩倒卖粮食，也在一定程度上稳定了粮价，为魏国百姓的安居乐业奠定了经济基础。

其次，李悝还注重对律法的制定，想要以此稳定朝政。为此，他编著了《法经》，这也是我国第一部较系统的封建成文法典。分为六篇：《盗法》《贼法》《囚法》《捕法》《杂律》《具律》。虽然此书原书已丢失，但这并不影响它对后世的影响力。

自从《法经》颁布以来，魏国一直沿用此法。正是在这法律的规范下，魏国上下都能做到恪守法律，这对魏国政治的稳定发展也有不可忽视的作用。后来，商鞅在秦国变法所制定的秦律也是依据此法而成的。由此可见，李悝《法经》对我国古代律法的发展影响深远。

再者是政治上，李悝要求君王要任用贤能，做到赏罚严明。他十分不满那些旧贵族因世袭所获得的许多特权，因此，他提出了“食有劳而禄有功”。在他看来，那些无功绩而享受俸禄的人都是“淫民”。我们需要剥夺这些“淫民”的俸禄去补助那些建功立业之人。李悝的这一观点也是对旧贵族世袭制的第一次公开挑战。

总之，李悝变法，给魏国的旧贵族带来了沉重打击，魏国的经济获得了飞速发展，综合国力日益增强，成为战国初期称霸一方的强国。

# 西门豹治邺

战国初年，作为魏国重镇的邺城巫术盛行，官员不作为导致当地百姓一直处于水深火热之中。魏国国君魏文侯对此也是头痛不已。恰逢此时，翟璜将西门豹推荐给了魏文侯。于是，西门豹被派往邺城，解决这一问题。

到达邺城后，西门豹先是微服私访，了解当地情况。他发现由于邺城的漳河经常发大水，导致百姓民不聊生，进而使这里巫术盛行。当地官员与豪绅、巫师等狼狈为奸，以为防止水患，河伯娶妻之由，不仅大肆敛财，还谋害了许多无辜的花季少女。被选中的女子在沐浴更衣，装扮一番后，还需经过数日的斋戒，然后就被强行放在一张席子上，投入河中。最终，这些女子都是难逃一死的结局。许多当地有女儿的人家，都是携女逃亡了。久而久之，这里人口凋敝，越来越穷。

这令西门豹很是愤怒，决定亲自去看看这“河伯娶妻”的仪式。到了河伯娶妻之日，西门豹来到河边。河边站满了围观的百姓。只见一位七十多岁的女巫师正在执行仪式，她的数十名弟子随旁站立，皆都口中振振有词。不久，一个女孩被拉了出来。西门豹见状，突然大喊了一声，道：“这个女孩不怎么好看，且容寻个更美丽的给河伯送去，还请大巫师去和河伯说一说。”还未等巫师反应过来，便命人将巫师投入了河中。

众人一惊，皆议论纷纷。不久，西门豹又缓缓开口了，道：“怎么大巫师还未上来，那就让她的弟子去问问情况吧。”说着，又把大巫师的一名弟子投入了河中。如此连续投了三名大巫师的弟子入河后，又转而向着河边的地方官员和豪绅，道：“或许是因为大巫师和她的弟子都是女子吧，说不清楚事儿，要不换你们前去问一问。”又派人将那些贪官豪绅也投入了河中。

一时间，围观的百姓都鸦雀无声。西门豹站在河边，久久伫立，未言一语。一直到西门豹开口，道：“怎么他们还不上来啊？”那些还站着的官员被吓得不轻，连忙跪下求饶。经此一事后，邺城再也没人敢提河伯娶妻之事。迷信的破除，也让邺城有女儿的人家一直悬着的心放了下来。

之后，西门豹又发动邺城百姓，开始兴修水利。在他的带领下，经常泛滥的漳河两岸被修建了诸多水渠，不仅从根本上防范了这里的水患，而且也方便引水灌溉农田。慢慢地，邺城在西门豹的治理下越来越富裕，一派繁荣之景。

# 聂政刺侠累

聂政，魏国人，因见义勇为杀了一个恶人，被迫带着母亲、姐姐逃亡齐国。之后，隐姓埋名于此做了屠夫。

当时，韩国韩景侯去世，其子韩烈侯继位。当时韩国朝堂中有两位极有权势的相敌对的大臣，分别是严仲子和侠累。侠累是韩烈侯的叔叔，经常在韩烈侯跟前说严仲子的坏话。严仲子怕遇不测，便逃离了韩国。他在各诸侯国里努力寻找，希望寻觅一位刺客去刺杀侠累。

后来，严仲子来到了齐国，有人向他推荐了聂政。严仲子听闻聂政的母亲就要过大寿了，就准备好了非常贵重的礼物，在聂政母亲大寿这天去聂政家祝寿。聂政看见严仲子送给他母亲那么多贵重的礼物，心里非常感激仲子，但是他坚决辞谢了严仲子的好意，没有接受严仲子的礼物。

聂政留严仲子在家里一起喝酒，二人交心会谈。严仲子道出了此番前来是为了避免韩国宰相侠累的迫害，想要寻找一位刺客刺杀侠累。聂政没有说什么，只是向严仲子敬酒。从这以后，严仲子和聂政成为知己。过了一段时间，聂政的姐姐聂荌嫁人了，聂政的母亲也去世了，聂政决定为母亲守丧三年。

三年后，聂政去见严仲子，直言可以为其报仇。严仲子不忍聂政送死，遂拒绝了他。原来，聂政早已在严仲子为其母亲祝寿的那天，就暗自下定决心为严仲子刺杀侠累。如今姐姐出嫁了，母亲不在了，是时候前来完成当年的诺言了。严仲子感动不已，直言此生得如此知己是死而无憾了。

公元前397年的一天，韩国宰相侠累正坐在宰相府的大堂上，他的身边和院子里都站满了拿着武器的侍卫。聂政一个人骑着马，带着长剑，往前奔去。他拔出长剑，杀了宰相府的几个看门的，直接冲向了大堂，就在宰相府的侍卫们还在吃惊的时候，聂政已经像闪电一样冲到了侠累的面前，一剑刺穿了他的胸膛，侠累当场死去了。

回过神儿来的侍卫们都来攻打聂政，聂政挥舞长剑，杀死了几十个侍卫。但是宰相府的侍卫实在是太多了，聂政知道自己不可能逃掉了，就用剑划烂了自己的脸，刺向自己的肚子，悲壮地牺牲了。聂政牺牲后，韩国人把他的尸体扔到大街上，贴出告示说：能认出刺客的身份的，重重有赏。

后来，聂政的姐姐聂荌听闻了此事，知道一定是弟弟聂政为了报答严仲子的恩情而杀死了侠累。于是，她亲赴韩国。聂荌看到了刺客的尸体后，立即抱着尸体大哭起来。周围人都很不解，劝说她此举会招来杀身之祸。聂荌哭着说道："我知道，但是这个人是我的弟弟啊。我怎么能够因为保护自己就让我弟弟的英名埋没了呢？你们要记住，这个是我弟弟，他叫聂政！"就这样，聂荌悲痛地死去了。许多人被聂政和聂这姐弟俩的事迹感动，之后，聂政的大名就传遍了全天下，他的侠肝义胆，赢得了全天下人的敬重。

# 吴起变法

吴起，卫国人，曾辗转鲁、魏两国，后因受排挤，而来到了楚国。公元前382年，楚悼王任命吴起为令尹，着手楚国变法一事。

当时，吴起以“损有余而补不足”的宗旨在楚国进行了大刀阔斧的革新。他认为，楚国如今国内形势混乱的根本原因在那些旧贵族身上，这些旧贵族不管是数量还是俸禄都过于繁重，严重掏空了国库的储备。因此，他主张要削减这些贵族们的开销，对那些无功绩仅靠世袭而来的贵族予以裁除。而这些节省下来的钱也都被他用到培养将士之上。

楚国地广人稀，人口都集聚在少数一些地区，其他一些地区则是人口凋敝。于是，吴起便将一些百姓迁到了那些人口相对较少的地方定居。正是在吴起的这些措施下，从根本上改变了楚国冗官的局面，也在一定程度上达到了对楚国一些地区的开发利用。

吴起还加强了对楚国官吏制度的整顿。包括规范官吏的言行，要公正严明，不准私相授受，不准相互结党拉派，朝堂上下要时刻警惕那些纵横家的游说。

公元前381年，楚悼王逝世。失去了楚悼王的保护，吴起的变法受到了强烈的阻碍。事实上，吴起对士族俸禄和爵位的取消，严重损害了这些旧贵族们的利益，若不是楚悼王在世的支持，吴起恐怕早已是一命呜呼了。适逢楚悼王去世，这些旧贵族们早已是迫不及待地想要处死吴起。吴起为了逃命，躲在了楚悼王的尸体下。谁知，他们竟然朝着楚悼王的尸体射箭，就是为了致吴起于死地。可见，楚国这些旧贵族们对吴起的怨恨。

吴起死后，他的变法也就告一段落。之后，虽然楚国也曾强大过，但是旧贵族把持楚国军政的情况一直都存在，这也是楚国政治腐败的首因。

# 商圣白圭

白圭，名丹，战国时期洛阳人。魏惠王时期，因其才能出众，被任命为相职。后因魏国政治腐败严重，无力挽回而心灰意冷，弃了政，从了商。关于他的名声，不管在书中，或是在民间，一直都是如雷贯耳的。在《汉书》中，他被奉为“天下言治生者祖”；在民间，他更被尊为“人间财神”；后世的商人也一直尊他为始祖。

白圭有一套自己的商业理论，即“人弃我取，人取我与”。这一理论的提出离不开他所坚信的农业经济循环论。在他看来，农作物的收成是与天时息息相关的。一般是十二年为一个周期，第一年若是丰收年，到了第二、三年势必会受创，第四年则会出现干旱，第五、六年会出现一个小型的丰收，第七年会是一个大丰收，往后的两年又会受创，之后便又是干旱年，再之后便是两年的丰收，如此循环往复。

因此，不同于那些爱金银财宝的商人，白圭所有商业行为都紧紧围绕着农产品展开。农产品丰收之季，在别人都在大量抛售时，他则是大量的买进；而当别人开始大量买进时，他则大量的卖出。当然，这种果断的买与卖，也离不开他对市场信息的准确把控和反应。因此，白圭一旦掌握了相关信息，就会立即把商品出手，绝不会拖延。

再者，白圭经商十分讲究谋略。在他看来，经商和治国、打仗一样，都需要有勇有谋、有仁义之心。在利己的同时，也要利人，有大局意识。他的买与卖又是时时牵挂着国计民生的。他会将丰收之季收购的粮食，以低价卖给百姓，这样既救民于水火，又为自己增加了财富。在他看来，商人要想做的长远，还需要诚信，要制定合理的计划，不能只顾眼前利益，而丢失本心。

白圭在商业上的成功，离不开他对商业活动的各种思考与研究。公元1007年，宋真宗更是昭告天下，奉他为“商圣”。

# 商鞅变法

商鞅，姬姓，公孙氏，卫国人，又被称为“卫鞅”。后来因秦孝公封商於于他，因此人们又常称其为“商鞅”。

公元前362年，秦孝公即位。当时，秦国国力不强，常常受到其他诸侯国的欺负。为了改变这一现状，刚即位的他便立马发了一道“招贤令”，广招天下才能之士为己用。正是在这一契机下，商鞅来到了秦国。

当时，商鞅对秦孝公宣传自己的富国强兵之道。在他看来，一个国家若想实现富强，首先就要大力发展农业，保证充足的粮食供给。然后就是加强军队治理，这不仅仅局限于训练方面，还要奖罚分明，保证公平，建立威信力。秦孝公对商鞅的观点也十分赞同，但是这一观点却受到了朝堂中以大臣甘龙为首的贵族的反对。

在他们看来，而今在秦国实行的各种制度、律法都是老祖宗传承下来的，秦国人民早已习惯了这些规章制度，若随意变动，唯恐影响社稷根本，造成国内大乱的局面。于是，秦孝公将一众大臣召集在一起，让他们公开讨论变法革新的利弊，然后再做出决定。商鞅通过许多历史上已有的事例来论述变法的重要性，最终那些反对者都被说得哑口无言。由是，公元前356年，秦孝公任命商鞅为左庶长，正式着手秦国变法一事。

商鞅制定了一系列变法策略，但是一直迟迟未颁布。他认为，要想这些法令得到顺利实行，必须要先做到取信于民。于是，他命人在南门立了一根三丈高的大木头，并在旁边张贴了告示，写着“能徙者予五十金”，意思是谁能将木头搬到北门，即赏五十金。

一开始，百姓们看到了这一告示，虽然好奇，但也很疑惑。他们并不相信商鞅真的会这么做，因此没有一个人打算行动。后来，商鞅见无人参加，又将奖金提高了。就在这时，一位壮汉走了出来，他扛起了这根木头，从南门走到了北门。许多百姓听闻此事，都来围观。那位壮汉到达北门后，商鞅早已在那里等候了，然后依据约定，赏赐了他重金。后来，商鞅立木取信的事传遍了秦国上下，人人都对他信服不已。

商鞅在取信于民后，开始将自己制定的法律公布了出来，包括奖励耕织、军功，采用连坐法等等。后来，商鞅为了适应需要，又进行了第二次改革，即废除井田制，实行县制、统一度量衡制等。

无奈，商鞅取消世袭特权的做法严重损害了那些秦国旧贵族们的利益，他们也没有坐以待毙，而是联合太子一族，为商鞅制造了各种阻碍。当时，他们故意让太子触犯法律。商鞅知道后，不便处理太子，便将太子身边的人一一处以重刑。当然，经此一事后，再也无人敢公然挑战商鞅所制定的法律，但是这也为商鞅之死埋下了伏笔。

公元前338年，秦孝公去世，太子即位，即秦惠文王。秦惠文王十分痛恨商鞅。每每想到自己的老师被他施以极刑，他就想要处死商鞅，后来，秦惠文王以莫须有的罪名判决商鞅死刑。商鞅想要逃亡，奈何因自己制定的连坐之法，没有一个人敢帮助他逃跑。最终他被车裂而死。

虽然商鞅已死，但是他所施行的变法已经深入人心，秦国的国力也因商鞅变法有了质的飞跃。秦国日益强大，这也为之后一统六国打下了基础。

# 邹忌讽齐王纳谏

邹忌，齐国人，曾位居齐国相位。

当时，齐威王在位，终日沉迷于享乐，荒废朝政。其他各诸侯都城在谋求富国强兵，唯独齐国不思进取。齐国百姓也是苦不堪言。

于是，邹忌便前去求见齐威王，想要说服齐威王励精图治。邹忌知道齐威王好音律，正好他也善弹琴。就这样，邹忌得到了齐威王的热情接待。

邹忌入殿，恰逢齐威王正在抚琴。齐威王见邹忌进来，便停了下来，问道："先生既然好琴，不知刚才寡人所弹的琴音如何？"邹忌缓缓回答道："大王刚才弹得甚佳，您在拨动大弦时，琴音十分稳重，有君王的风范。而您在拨动小弦时，琴音十分明朗清脆，有臣子的贤能风采。由此，可见大王的弹奏十分注重和谐，您的琴艺也是绝佳的。"齐威王听完后，十分满意，连连点头。接着，邹忌又说道："其实，这就和治理国家是一样的。"齐威王只想听琴，而邹忌却放肆的开始谈论政事，因此，惹得齐威王十分不满。齐威王生气道："这琴艺之道如何能与治国之道相提并论。"邹忌笑答道："弹琴时，我们讲究大弦小弦彼此协调，以达到和谐的境界。而大王发布政令不也正是如此，要协调一致，这样才能达到政通人和。"齐威王意识到，邹忌来此根本不是为了弹琴。一顿愕然后，便开始询问邹忌治国建议。二人相谈甚欢，齐威王对邹忌连连称赞，更是拜他为相。

又有一次，邹忌朝见齐威王，道："我原以为自己是天下第一美，后来才知道齐国有一位名唤徐公的人比我还美，但是我的妻子、我的妾侍以及来我家的客人都说我更美。要知道，我的妻子爱我，我的妾侍害怕我，而来我家的客人有求于我，所以他们才说我美的。”齐威王听了邹忌的这一席话，十分困惑，不知他所说为何。邹忌缓缓解释道：“齐国土地广阔，城池众多。您的后宫如同我的妻子，对您是偏爱的；您的那些臣子如同我的妾侍，对您是十分敬畏的；您的百姓如同我的客人，他们需要您下达正确的政令，他们才能因此安居乐业。如此看来，已然是没有人愿意和您说实话了，您就很容易被蒙蔽啊。”

齐威王这才恍然大悟，也十分同意邹忌所言。于是，他下令：凡是能对君主行为当面直言不讳的，就能获得上等的赏赐；凡是能上书直言君主的不当行为的，能获得中等的赏赐；凡是敢在街头巷尾议论君主不正确行为的，若传到君主耳中，就能获得下等的赏赐。此令一出，一时间宫内可谓是门庭若市，齐国上下都想尽办法给齐威王进谏。

后来，邹忌还建议齐威王进行各种改革，包括律法、官吏管理、奖罚等等。齐威王也都一一采纳。就这样，在齐国的上下一心之下，齐国国势日益增强。

# 孙膑与庞涓

孙膑与庞涓本是同门，二人一同师从鬼谷子，学习兵法。

当时，魏国效仿秦国，四处招纳能人异士，以期变法图强。求名心切的庞涓得知此消息后，便主动结束了求学生涯，赶赴魏国，想要一展宏图。而一同学习的孙膑不想半途而废，便留了下来。在送别的路上，孙膑不舍，对庞涓说道："师弟此去一定多保重，若在魏国遇到了什么难处，书信前来，师兄一定全力相助的。"庞涓拜别，道："师兄且宽心，此去我若功成名就，一定会邀师兄一道享福。"

告别了孙膑，庞涓独自一人来到了魏都城城。历经几番周折，终于见到了魏惠王。魏惠王得知庞涓师从鬼谷子，且兵法才能出众，因此很是器重他，当下便封他为将军。之后庞涓也用自己所学，为魏国打赢了多场战役。周边小诸侯国纷纷臣服。特别是魏国遭到齐国入侵时，庞涓力挽狂澜，从此魏惠王更加信任他。

谁知有一天，有人向魏惠王进言："听说庞将军有一个师兄，名唤孙膑，乃是孙武之后，此人才能出众，何不请庞将军引见，收为己用呢？"魏惠王听后，便立即招来庞涓，想要借由他让孙膑出山，为魏国效力。庞涓自从成了将军，曾经的诺言早已是抛之脑后。奈何魏王开口，他也不好拒绝，便答应了。

孙膑赶到魏国，与庞涓久别相见，倍感亲切。他真诚地感谢庞涓，而庞涓也虚情假意地殷勤招待他。两人自然免不了介绍一下分别后各自的情况，当庞涓听说孙膑在他走后又独自学习了《孙子兵法》后，心里不由得咯噔了一下，一股妒火在他心底潜滋暗长。

庞涓带着孙膑去朝见魏惠王。惠王想考察一下孙膑的军事才能，就询问了一些阵法问题。不论是设阵、识阵、破阵，孙膑都对答如流。魏惠王对孙膑十分满意，便对庞涓说道："此人果然非凡，爱卿的推荐十分合我的意。我想让他和你一同掌管军事大权，你看怎么样？"庞涓虽然嘴上说着同意，但是内心已经对孙膑暗生嫌隙了。他对魏惠王说道："孙膑与我情同手足，一同掌管军权自然是没有任何问题的，但是他初来乍到，一切尚不熟悉，不如等他了解了魏国的情况后，再如此办，您看如何？"魏惠王思考了一会儿，也认为自己有点操之过急了，便欣然同意了庞涓的建议。

事实上，庞涓自知孙膑的才能高于自己，虽然孙膑在魏国仅仅是一个客卿，但不久的将来必然会反超自己。他不能容忍这种事的发生，便想方设法要除掉孙膑。当时，他诬陷孙膑私通齐国，伪造了孙膑与齐王的来往信件并呈给魏惠王。魏惠王知道孙膑是齐国人，想到他如今在魏国做了官，还一心想回齐国，便勃然大怒。直接命人将孙膑抓捕了起来，然后削掉了孙膑的双足。

孙膑连解释的机会都没有就被处以极刑。后来得知自己的遭遇皆是他深信不疑的好师弟庞涓暗中所为，心痛又愤怒。无奈庞涓在魏国位高权重，平冤昭雪是不可能的。于是，他便装疯卖傻，想趁庞涓松懈时逃离魏国。不久，恰逢齐国使臣访问魏国，在这些使臣的帮助下，孙膑才得以逃离魏国。

# 田忌赛马

孙膑到了齐国，被安排到了齐国大将田忌的门下。田忌十分欣赏和同情孙膑，对他也是礼遇有加。

当时，在齐国贵族中风靡一种赛马的游戏。他们豪掷重金，以赌马为乐。上到君王，下到公卿大臣，都会参加，田忌也不例外。可是，田忌总是输多赢少，特别是在与齐威王赛马时，几乎就没有赢过。

有一次，田忌因赛马输了，很是沮丧。孙膑发现了田忌的不悦，便决定下次与田忌一起到赛马场，为他出出主意。不久，又到了赛马的时候，那场景可谓十分壮观。

田忌带着孙膑来到马场，并将心中认为每次输马的原因也告诉了他。在田忌看来，自己输马是因为齐威王的马要比自己的马品质更优良。孙膑在场上看了一会儿，虽然他本人并不熟悉赛马，但是他却发现这些马儿在速度上其实都是有等级之分的。于是，他看了一眼田忌的马，跟田忌说道："若您听我的安排，我能保证您在和齐王的比赛中获胜。"田忌不解，以为孙膑是找来了更优质的马匹，谁知孙膑摇摇头。但是看到孙膑自信满满的样子，田忌便放手让他去做了。

赛马比赛共分为三场，赢两局者胜。当时，齐威王见田忌主动邀赛，他几乎没有输过，自然是毫不犹豫地答应了。但是看到田忌下了高额赌注后，心中难免有了一丝疑惑。第一场比赛，齐威王毫无悬念地胜出了。但是，随后的第二场、第三场，田忌却反败为胜。按照比赛规则，田忌取得了最后的胜利。

赛后，齐威王百思不得其解，明明是一样的马，之前可以赢，为什么现在会输呢？于是，齐威王招来田忌询问，田忌将孙膑的计策告诉了齐王。原来，田忌将马按照速度的快慢分为上中下三等：第一场比赛，用自己的下等马对阵齐威王的上等马，比赛输了那是毋庸置疑的；第二场比赛，用自己的上等马对阵齐威王的中等马，取得了胜利；第三场再用中等马对阵齐威王的下等马，自然也是轻松取胜。

齐威王听后，对这个计策心服口服。在田忌的推荐下，齐威王召见了孙膑。二人相谈甚欢，孙膑更是将赛马之计运用到战场上，齐威王对此是大加赞赏。

后来，齐威王任命孙膑为军队军师，协助田忌攻打魏国。正是在孙膑出色的军事才能下，齐军如虎添翼，连打胜仗，齐国也越来越强盛。

# 围魏救赵

公元前354年，魏惠王以庞涓为将，率兵八万讨伐赵国。赵国都城邯郸被魏军团团围住。赵军也殊死防守了近一年，眼看实在难敌时，赵国便向齐国求救。

当时，齐威王接到赵国的求援书信后，就立即召集大臣商议救援事宜。当时有一位名唤段干纶的大将提议，先以少量兵马进攻魏国，让魏国无法安心全力攻打赵国；然后再派出少量兵马去救援赵国。但齐国的主力军队则按兵不动，等到魏国和赵国相斗到疲软之际，齐军再趁机发兵。这样既援助了赵国，获得了好的名声，也能让齐国获得最大的利益。齐威王对此计甚是满意，便欣然同意了。

直至第二年，赵国邯郸眼看就要被攻破，魏国因长期战事也出现疲惫之象。于是，齐威王以田忌为将，以孙膑为军师，率领齐国主力军救援赵国。

当时，田忌接到君令，意欲立即赶赴邯郸。这时，孙膑站了出来。他对田忌说道："若我齐军与魏军正面交战，不管如何都会有所损失。如今魏军都滞留在邯郸，魏国国内此时肯定是十分空虚的。若我们现在转而去进攻魏国都城大梁，魏军为了守卫都城，必然会从赵国撤军。如此一来，我们只要在魏军回国途中设下埋伏，岂不是一劳永逸？魏军从赵国撤退，急于救援自己的都城，必然是日夜兼程，将士们舟车劳顿，肯定疲惫不堪。因此，我们不仅胜算很大，且损失也是很小的。"

田忌听后，觉得此计甚妙。于是，便率领齐国大军向魏国都城大梁进发。齐军到达大梁后，魏惠王十分恐慌，连忙急召庞涓回防。眼看邯郸胜利在握，但自己的都城告急，庞涓只得留了少量兵马在邯郸，亲率主力部队回国护防。

当时，齐国大军早早在魏军回国的必经之地——桂陵设下了埋伏。一方是准备精良、士气高昂的齐国大军，一方是长途跋涉、舟车劳顿的魏军。这场战事的结果是显而易见的。最终，魏军惨败，庞涓狼狈逃亡。

而另一面，魏军无暇顾及赵国，眼看攻打了一年，快要占领的邯郸也被赵国成功收复了。

# 申不害改革

申不害，郑国人。因郑国被韩国所灭，于是转而投了韩国。当时，韩魏交战，韩国危在旦夕。正是在申不害的计谋下，魏国才放弃讨伐，韩国逃过一劫。因此韩昭侯十分欣赏申不害。公元前354年，申不害被韩昭侯任命为相。

韩国在战国诸侯国中实力不强，总是被外敌侵扰，因此韩昭侯一直希望能通过改革达到富国强民的目的。无奈，国内的改革诏令不停下达，却没有及时实行，以致政局十分混乱。于是，为了挽救韩国日益衰落的颓势，申不害开始了大刀阔斧的改革。

作为法家思想的代表人之一，申不害的治国主张也是紧紧围绕以法治国展开的。在治国理政时，他认为，君主要讲究统治之“术”。这里的“术”主要是指君主要有一套任用、监督和考核官员的方法或策略。一方面，他认为君主不应在臣子面前暴露自己的弱点，要让臣子对自己的想法捉摸不透，这样才能避免他们投自己所好。君主在任命官员时，要善于观察他们的行为，这样才能做出正确的判断，给予合适的奖惩。另一方面，他认为臣子互相之间也不应该擅权，要做到不在其位不谋其政，各司其职。对于这一点，韩非子曾在谈及韩昭侯的一则故事中，道出了当时申不害改革对韩国影响之深远。据说，有一次，韩昭侯因酒醉睡了过去，醒来后发现自己身上盖了一件衣服。韩昭侯遂向左右侍从问询。一个侍从战战兢兢答道：“是负责管理帽子的人盖的衣服。”结果，韩昭侯不仅将负责管理衣服的人杀了，连那个负责管理帽子的人也被杀了。为什么会这样呢？原来，处死负责管理衣服的人是因为他未尽其职，而处死负责管理帽子的人则是因为他擅自越职。可见，当时申不害的思想对韩昭侯的影响之深刻。

申不害在韩国的这些改革措施不仅有效整治了国内的官吏风气，还大大加强了君主对权力的集中。韩国国内一些贵族在这场改革中纷纷被没收了特权，所没收的贵族家产也在一定程度上充实了国库。再者，对军队的有效管理也大大提升了军队的作战能力。此外，在手工业、农业等方面所做出的改革也获得了极大的成效。但是，需要注意的是，韩国实力的增加固然是毋庸置疑的，但相对于其他诸侯国的深度改革，却又是微乎其微的，韩国依旧处于弱小的位置。归根到底，还是因为申不害所倡导的统治之“术”过于看重君主对臣子的驾驭，而忽略了臣子之间的权力争夺，导致改革的深度无法与他国相媲美。

# 淳于髡谏齐王

淳于髡，战国时期齐国人。因曾犯罪而受了髡刑，故以“髡”为名。虽然他地位低微，其貌不扬，但才能出众，不仅博闻强记，还机警善辩，因此十分得齐威王赏识，做了一个客卿。

公元前349年，楚国来犯。齐威王欲请赵国救援，便派淳于髡前往赵国游说，并为其配置了十辆车马，百两黄金。淳于髡未言一语，只是笑了笑。齐威王见状，很是不解。淳于髡只淡淡地回道：“想起来今日看见的一件事，就忍不住笑了起来。”据淳于髡回忆，今日在田边偶遇一个农民在祭拜神明，祈求天佑丰收。可是啊，他只摆了一点点酒和食物，就想获得如此大的硕果，这不是妄想嘛。齐威王听出了他的话外之音，随后重新给他配置了丰厚的礼物，不仅有千两黄金，还有数百辆车马和十对白玉。之后，淳于髡浩浩荡荡前往赵国，也不负众望，搬来了赵国救兵。在赵国大军压境下，楚国退兵，齐国逃过一劫。

淳于髡也善于运用语言技巧去劝说齐威王，让他居安思危，勤于朝政。有一次，齐威王设宴，与淳于髡饮酒畅谈。齐威王本人嗜酒成性，甚至常常为此荒废朝政。素闻淳于髡酒量颇佳，引起了他的好奇，便询问淳于髡喝多少杯会醉。淳于髡答道：“臣喝一碗也醉，喝一坛子也醉。”齐威王疑惑地看向他，淳于髡又回道：“这是视具体情况而言的，若是您赐酒，那我一碗便醉；若是在家中与好友会面，还是可以多喝几杯的；但若是有佳人相伴，纵是多喝许多，也只有几分醉意罢了。毕竟喝过头了，就会坏事啊。”淳于髡虽言喝酒一事，但是齐威王早已明白淳于髡话中的劝谏之意，连连点头，赞同道："喝酒误事，终会乐极生悲的。"自此之后，齐威王不再沉溺于饮酒作乐，开始专心理政。

之后，齐宣王即位，下令广招天下贤士。不久，淳于髡一下子向齐宣王推荐了七位有才能之人。且各个都如淳于髡所言那般，皆是才能超群。齐宣王很不解。在他看来，贤人本就难得，怎么一下子就聚集了七位？淳于髡回答道："因为我本人也算是一个贤士，因此我的周边多是贤人。这就如同在自然界中，同类的鸟儿经常聚集而居，同类的兽类也会出现在同一条道上。"成语"物以类聚"就是源自这个故事。

总之，淳于髡善于劝谏，在他的辅佐下，齐王多是励精图治的。因此他本人也受到齐国人民的爱戴与尊敬。他也不愧为这战火连天的世道中的一位贤臣。

# 马陵之战

公元前342年，魏国向实力最弱的韩国发起进攻。韩国自知不敌魏国，便向齐国求救。

当时，齐威王急召群臣商议救援韩国之事。朝中大臣意见不一，有主张不救的，有主张派兵救援的。齐威王也一直犹豫不决，最终采纳了孙膑之策，即等韩魏两军斗到疲软之际，再出兵相救。

果然，齐国坐视韩国连吃败仗，已到了快灭国的境地，齐威王才下令发兵，以田忌为主将，田婴为副将，孙膑为军师，救援韩国。魏国得知齐国出兵，便派出太子申率军接应庞涓，试图以夹击之策，消灭齐军。

另一边，田忌、田婴与孙膑聚集一起，商议破敌之策。只见孙膑一副信心满满的样子。在他看来，魏军此举在于将齐国一网打尽。因此，庞涓所率魏军从韩国赶来，必然是日夜兼程，随行的一切重器必然都是能丢则丢的。他们如此急功近利，正是我们的绝佳时机。于是，孙膑建议田忌佯装不敌而撤退，诱使本就舟车劳顿的魏军紧追不舍。孙膑更是让齐军在撤退时，一边撤退，一边留下大军炊具逐渐减少的痕迹，让魏军对齐军越来越弱的情况深信不疑。

那时，齐军的炊具从刚开始的十万，减少到后来的五万，最后只剩了二三万。庞涓看见齐军日益减少的炊具，果然信以为真。于是，庞涓没有丝毫怀疑，下令加快对齐军的追赶。当时，魏军追至马陵，已是黄昏时分。马陵地势险恶，一边是茂林，一边是深谷。魏军不得不下马，步行前进。事实上，齐军早已在路的两边设了埋伏，一万名弓箭手早已等待多时。

庞涓率军行了许久，久久不见齐国大军的踪迹，很是纳闷。突然，一个探路的士兵急忙忙地跑回，报告说：“前方道路被砍断的大树干所阻，无法通行。”庞涓前往查看，只见道路上躺着的都是横七竖八的树干，只有不远处一棵树未被砍倒。士兵们举着火把，庞涓走近，看到了树干上刻着的“庞涓死于此树之下”几个大字。正恼羞成怒时，突然，齐军都在此时冒了出来。齐军万箭齐发，魏军进退两难，四处躲避，死伤惨重。直到这时，庞涓才意识到自己中了孙膑的诱敌之计。然而，一切为时已晚。最终，庞涓知道无力回天，自刎而死。齐军大获全胜，就连赶来救援的魏国太子申也被齐军生俘了。

此战因发生在马陵地区，因此被称为“马陵之战”。

至此，经过马陵之战后，魏国惨败，实力被大大削弱，从此也无能力再去争霸。而相比较而言，齐国则因此战，名声大噪，成为不可忽视的强国之一。

# 胡服骑射

公元前325年，赵肃侯去世，年仅十五岁的赵武灵王继位。

当时，魏、楚、秦、燕、齐五国出兵赵国，表面上是前来吊唁，实际上是想趁着赵国初立新君，根基不稳，企图灭掉赵国。好在赵武灵王虽然年幼、经验不足，但也是一个有胆有识之人。后来这场危机，在大臣肥义的辅佐下，成功化解了。经此一役，赵武灵王深感若不立即改变弱国的局面，必然是无法生存的。于是，他决心奋发图强，壮大赵国。

赵武灵王曾率军进攻中山国，却被这个小国打得节节败退，这引发了他的深思。事实上在这个战乱频发的时期，一国之强大与安定首先是要看该国的军事实力的强弱。于是，他从这些胡人身上，找到了问题的关键所在。胡人擅长骑射，他们多穿着短衣窄袖，下着长裤，这一方面保证了在行军时不受服饰的阻碍；另一方面还便于士兵挥舞兵器。相比较而言，中原地区的士兵则多穿着宽衣长袖，不管是行动还是作战，都十分不便。此外，每次对战时，胡人多是单骑战马，来去自如；而中原的士兵多是乘驾着木制战车，十分笨重。经过一番对比分析后，赵武灵王看到了胡人在军事上的优势，决心效仿胡人，改变现在赵国士兵的服饰和作战方式，即穿着胡服、学习骑射。

在赵武灵王的军事改革下，赵国军队的战斗力大大增强。这本来是一件举国欢腾的事情，奈何很多保守的赵国大臣却觉得此举是大逆不道的。在他们看来，赵国作为优越的中原民族怎么可以放弃传统，而去学习那些还未开化的胡人的制度和服饰呢？而这其中，尤以赵武灵王的叔父公子成的态度最为坚决。为了缓和朝堂矛盾，赵武灵王亲自前往说服公子成。

当时，赵武灵王身着胡服，来到叔父公子成的府邸。公子成看到赵王的一身穿着，冷冷地说道："还望大王恕罪，我府从来不接待蛮夷之辈。作为中原后代，还请大王快快换回我们的衣服吧。"武灵王听后，语重心长地对公子成说道："叔父啊，我的一番苦心，您怎么就不了解呢？而今，赵国四面受敌，若不壮大军事力量，随时随地都有灭国之灾。我之所以想要学习胡服骑射，就是为了增强我们赵国的军队战斗力啊，这样才能有效威慑四方的敌人啊。您一味地反对，难道也不想赵国强大吗？"公子成听后，这才茅塞顿开。

第二天，公子成穿着胡服上朝，以表达对赵武灵王军事改革的支持。随后，赵武灵王在全国正式颁布了穿胡服、习骑马射箭的命令，这也为赵国成功组建了一支精良部队。之后，赵武灵王率领这支精锐之师成功打败了中山国，兼并了诸多临近部落。经过多年的努力，成为"战国七雄"之一。

# 燕昭王金台招贤

公元前314年，燕国因王位之争发生内乱。当时，燕太子平向齐国求救，谁知齐国趁机攻占燕都城城，杀死了燕王哙，就连太子平也没能幸免。齐国的行径遭到各诸侯的强烈谴责，迫于压力，齐国从燕国撤军。

公元前311年，在赵武灵王和秦惠王的帮助下，燕公子职回国继承王位，史称燕昭王。当时，燕国内忧外患，不仅国内民不聊生，到处一派萧条之色，而且，外有齐国虎视眈眈。初登王位的燕昭王，深感复兴之路迫在眉睫。

然而，复兴之路离不开贤人的辅佐。于是，燕昭王第一步便是要广纳天下人才为己用。但人才哪是那么容易得到的，一时间，燕昭王陷入了苦闷中。这时，太傅郭隗用一个“千金买骨”的故事，启发了燕昭王。

故事是这样的：很久以前，有一位国君希望得到一匹千里马，于是他昭告天下，表示愿意用一千两黄金购买千里马。但过了很久，没有一个人前来献马。国君很是失望。这时，一位侍臣自告奋勇愿出宫寻马。国君欣然答应。不久，侍臣找到了一匹千里马，但却是千里马的尸骨。他用五百两黄金买下千里马的尸骨，献给了国君。国君见后，十分愤怒。侍臣解释道：“大王息怒。臣是这么想的，世人听说您愿意以五百两黄金买马骨，就知道您确实诚心求取千里马，就会相信如果有活的千里马，您一定愿意出更多的黄金。这样就会有很多人来向您献马了。”果不其然，之后献马的人络绎不绝。

燕昭王听后恍然大悟，当即拜郭隗为师，后来还为他修筑了豪华的府邸。此外，他还命人在易水之畔建筑高台，并在高台之上放了大量的黄金，以此广招天下贤士。后来，这座高台被称为“招贤台”，后人也唤它为“黄金台”。

燕昭王也因礼贤下士而名扬天下，燕国也成了贤人云集之地。乐毅就是其中一位。公元前284年，乐毅率领五国联军攻打齐国，一洗当年雪耻。燕国的国力日益强盛，也一跃成为“战国七雄”之一。

# 乐毅破齐

乐毅，赵国人，魏国名将乐羊后裔。自小喜爱兵法，才能出众，但在魏国却不受魏昭王重用。恰逢，燕昭王正在广招天下名士。于是，乐毅便来到了燕国。因其善于用兵，被封为亚卿。

在燕昭王和这些名士的努力下，燕国的实力日益增强。对比之下，齐湣王统治晚期，内外矛盾尖锐，对燕国的防范也越来越力不从心。于是，燕昭王跟乐毅等人决定抓住时机，开始了对齐的复仇计划。虽说齐国当时渐有衰败之势，但仍兵力强盛，考虑到燕国以一己之力恐难取胜。乐毅便建议燕昭王，联合楚、魏等国一同讨伐齐国。

公元前284年，乐毅不仅被任命为燕国上将军，还被任命为五国联军统帅，率领着燕、赵、秦、魏、韩五国联军，向齐国进发。五国联军压境，阵仗十分浩大。齐湣王虽始料未及，但必须应战。奈何当时，齐国常年对外征战，将士早已苦不堪言。而齐湣王非但不体恤将士，反而下令不战者、消极作战者皆杀无赦。面对齐湣王如此决绝的命令，将士们皆心怀记恨。由是，面对着万众一心的五国联军，齐国军队简直是不堪一击。结局也是可想而知的，齐国主力大军被打得一败涂地，齐湣王只得领着一些残兵败将仓皇而逃。

五国联军大获全胜，乐毅深知齐国已是志在必得。于是，他先是放回了秦、韩两国之军，然后以魏国之军攻陷了宋国旧地，又以赵国之军占领了河间，而自己则率领着燕军直逼齐国都城临淄。在他看来，齐湣王十分自负，亲小人远贤臣，齐国百姓早已是怨声载道，此时乘胜追击，齐国必然会爆发动乱。若给齐湣王缓冲的机会，那再对付齐国就难上加难了。于是，乐毅不顾燕将剧辛的极力反对，毅然决然的继续进攻齐国。最终，燕国大军成功攻陷了临淄。燕昭王大喜，不仅亲自慰劳军队，还把昌国封给了乐毅。

临淄被攻陷后，乐毅想要一鼓作气一举拿下齐国。他率领着燕国将士在齐国境内一路乘胜长驱，齐国各城皆是溃不成军，多不战而降。事实上，乐毅在这些占领的齐国各城里，不仅禁止燕军抢掠齐国百姓，还下令减轻百姓赋税，礼贤下士。他的一系列和善的措施，赢得了许多齐国民众的欢迎。因此，乐毅只花了六个多月的时间，便成功拿下了齐国的多个城池。最后，齐国只剩莒、即墨两城没有被燕国攻下，几近灭亡。

# 田单复齐

经过长达一年的作战，乐毅久久未能攻克齐国莒、即墨两城。思来想去，他觉得要让即墨百姓自愿归顺，从而达到不战而屈人之兵的结局。于是，他先是撤回了进攻的燕国大军，只是在即墨附近驻扎。他不仅明令禁止燕军骚扰即墨百姓，还让即墨城内的百姓自由出入。事实上，乐毅此举恰恰给了齐国休养生息的机会，也为之后的败局埋下了伏笔。

当时，即墨的守城将军在两方作战中牺牲了很多，正是缺少兵员的时候。于是，田单被推举担任了即墨城将军一职。他抓住乐毅放松进攻的时机，不仅暗中扩充兵力，还多次散布谣言，挑拨燕国君臣之间的关系。

公元前279年，燕昭王去世，其子燕惠王即位。燕惠王还是太子时就对乐毅十分不满，这种情绪一直到他即位也没有改变，他依旧十分不信任乐毅。田单得知燕惠王与乐毅的微妙关系后，便派出间谍，在燕国广传谣言，说乐毅之所以久攻不下莒、即墨两城，是因为他自己想要称王。燕惠王本就对乐毅不信任，听了满城沸沸扬扬的谣言后，更是十分恐慌，立即派出燕将骑劫前去取代了乐毅的将位，并急召乐毅回国。乐毅深知燕惠王对他的疑心，担心回燕必是凶多吉少，就直接逃往赵国了。

骑劫取代乐毅之职后，一心要想证明自己。他一改乐毅的策略，对即墨采用强攻的策略。而田单则据城坚守。为了增强齐军的信心，田单下令所有百姓在吃饭之前，都需要在院中摆满丰盛的水果，以祭祀先祖。事实上，这些露天的供品吸引了许多鸟群在即墨城上空盘旋。原来，当时的人比较迷信，他们认为鸟群飞来乃是吉兆。田单借此散布言论，对外声称此情此景意味着上天派了神人来相助齐国。然后他命士兵假扮成上天派来的神人，并十分恭敬地对待。自此，凡是下达的军令，皆称是受了神人的指示，大家对此皆深信不疑。

齐国方面，田单知道骑劫此人是一个为达目的不择手段之人，便想要诱使他施行暴虐之事，引起齐国百姓的反感。他让人在燕军中散布谣言，声称即墨人最怕燕军割齐军俘虏的鼻子，若遭受此等惩罚，必然不战而降。骑劫果然信以为真，下令割了齐军俘虏的鼻子。谁知，此举适得其反，反而激起了齐军的仇恨。之后，田单又让人传言，声称即墨人若被挖了祖坟，就会深受打击而毫无斗志。骑劫又听信了此话，派人大举挖掘即墨人的祖坟，还对尸体进行鞭打和焚烧。一时间，齐国百姓对燕国大军怨声载道，皆想要与燕军决一死战。

田单又让人冒充即墨的富户，偷偷贿赂骑劫等燕国将领，请求燕军占领即墨后放过他们的父母妻儿，以此造成即墨已招架不住的假象。燕军信以为真，全无作战准备，只等田单前来投降。

趁此时机，田单将收集而来的一千多头牛武装了一番，命人将画有五色龙纹的红衣披在牛身上，又在牛角上绑上了锐利的刀，而在牛尾上绑了浸有油的麻苇。之后，他又备了丰盛的酒食，在五千士兵饱餐一顿后，下令对燕国进攻。这些士兵手持兵器，跟在牛后面，而尾巴着火的牛被轰赶着朝着燕军大营猛冲。所到之处皆是一片火海，此时的燕国士兵正在睡觉，看到火光冲天，还有绑着尖刀的牛群，多是不知所措，慌乱中四处逃命。最终燕军惨败，齐军乘胜反攻。

田单率兵战胜燕国的消息让齐国上下振奋不已，那些曾经被燕国占领的城池纷纷举兵反抗。一时间，齐国境内皆是响应田单的局面。短短几个月的时间，齐国近七十多座城池皆被成功收复。之后，田单从莒接回了太子法章，是为齐襄王。在田单的努力下，齐国从几乎亡国的境地中走了出来，田单也因此被齐襄王任命为相，封为安平君。

# 张仪相魏

张仪，魏国人，曾和苏秦一起师从鬼谷子。

学成后，张仪便前往列国，想要大展身手。他先是拜见了魏惠王，结果遭拒；之后又辗转来到楚国，却只在楚国令尹门下做了一个小客卿。有一次，在令尹的宴席上，令尹丢了一块玉璧。张仪由于家境贫寒，自然成了首要的怀疑对象。于是，其他客卿不仅抓捕了张仪，还对他严刑逼供。张仪始终没有承认，最终没有证据的他们也只得释放了张仪。回到家中，妻子见他遍体鳞伤，又心疼又气愤："要是当初你没有学成而归，没有到处游说，今日也不会遭受如此大的屈辱。"张仪没有回答妻子，转而问道："看看我的舌头还在吗？"说着便张大了嘴巴，妻子看着笑道："还在，还在，你的舌头还在。"张仪满意的点头，连连道："这就够了。"

后来，秦国广纳贤士，天下志士纷纷前往，张仪也是其中一位。凭借着一张三寸不烂之舌，张仪得到了秦惠文王的赏识，并于公元前328年当上了秦国的国相。

公元前323年，为了破坏魏国的合纵之策，秦惠文王派张仪与齐、楚两国代表于啮桑会盟。奈何未能成功，张仪被免去了秦相之位。于是，他亲赴魏国，欲以连横之策游说魏国依附秦国。

当时，张仪来到魏国，劝说魏王依附秦国，但魏王对此无动于衷。于是，秦国出兵攻打魏国，并占据了魏国的曲沃、平周两地。为了能成功说服魏王采纳连横之策，张仪留在魏国长达四年之久。直至魏惠王去世，魏襄王即位，张仪的劝说之路仍未停止。后来，张仪暗中告诉秦王发兵攻魏，魏国再次被秦国打败。次年，魏国又在观津被齐国打败。这时的张仪看到了时机。于是，他一边向魏襄王分析当时魏国的地理形势。他认为，首先魏国四周有楚国、赵国、齐国、韩国四国包围，极易受到威胁；其次魏国地势平坦，没有高山河流作为天然屏障，极易被他国攻破。但是，如果魏国选择与秦国结盟，那么其他各国因忌惮秦国，也不敢轻易进攻魏国。此外，秦国的实力雄厚，若其他各国先与秦国联合，魏国还固守这合纵之盟，恐怕也难逃灭亡。

另一方面，张仪还向魏襄王分析了当时合纵联盟内部的不稳定性。他说，即使是同一父母所生的同胞兄弟，为了争夺家产最终也会大打出手，更何况是六个国家呢？为了各自的利益，他们都有背信弃义的可能，所以这个合纵之盟是极易被瓦解的。最终，在张仪坚持不懈的说服下，魏襄王终究还是被说动了，转而与秦国结盟。

就这样，张仪的连横之策首先在魏国大获全胜。之后，他又略施计策，破了齐、楚合盟，将楚国拉到了秦国一边。再之后，又成功说服齐国、赵国等连横亲秦，一步一步瓦解了六国合纵抗秦的策略。

# 陈轸巧舌退楚军

公元前323年，楚怀王以大将昭阳为帅，发兵攻打魏国。楚军一路高歌猛进，所向披靡，连占魏国八座城池，史称“楚魏襄陵之战”。

对魏作战的大获全胜，让昭阳意犹未尽，于是便转而向东，想要攻打齐国。当时，齐王知晓楚国来攻，表示担忧。毕竟楚国刚打完胜战，士气正盛。恰逢此时，陈轸出使齐国，齐王便问计于陈轸。陈轸是战国时期的纵横家，他与张仪一起为秦惠文王效力。陈轸信心满满的对齐王说：“您且宽心，我一人前去劝说昭阳，定可让楚国撤兵。”

于是，陈轸带着齐王给的重金，来到了楚国大营外，求见昭阳。昭阳自然知道陈轸此来的目的，但也答应面见陈轸。

陈轸先是对昭阳对魏作战的大获全胜连连称赞与恭贺。在这“糖衣炮弹”的轰炸下，昭阳原先警惕的神经也放松了下来。接着，陈轸话锋一转，问道：“不知道将军打了如此大的胜仗，楚王会有怎样的封赏呢？”昭阳回道：“自然是加官晋爵，官至上柱国啦。”陈轸又问道：“上柱国之上又是什么官职？”昭阳不懂陈轸此言究竟何意，但也回答了他：“自然是令尹。”

事实上，楚国当时已经有一位令尹。陈轸遗憾道：“此位既已有人，不知楚王还会封您为令尹吗？”昭阳明白，这自然是不可能的。陈轸见状，便对昭阳说：“将军，我这里有一则故事，不知您是否愿意一听？”昭阳点头，陈轸缓缓道来。

据说，很久之前，有一位贵族给他的门客们赏赐了一壶美酒。奈何门客众多，酒只有一壶，自然是不够分的。于是，门客们便商议组织一场画蛇比赛。谁画得最快，这壶酒就归谁。众人皆赞同，纷纷作起了画来。当时，有那么一个人，他很快就画好了蛇。他本该拿起酒壶畅饮，看了看左右的人还在埋头画画。他自恃速度最快，无人能敌，他怡然自得，接着又给蛇画了脚。恰巧此时，另一个人也画了蛇，他立即拿起了酒壶，并嘲笑那人道："这世间哪有长脚的蛇啊，你这不是多此一举嘛。"就这样，他失去了原属于他的美酒。

故事说完，昭阳看着陈轸久久不语。陈轸接着说道："将军您既已攻克了魏国，官至上柱国，早已声名远播。而今又来攻打齐国，即使此战也胜利了，官爵上已然是不可能再晋升了。再者，楚军刚与魏国作战完，将士们虽然士气正盛，但也不免疲惫，齐国与魏国不同，将军又怎能保证一直胜利呢？若打了败仗，岂不是连原先本该有的加官晋爵的机会也丢了？这是不是就类似于那画蛇添足之人。"昭阳想着陈轸的话，觉得十分在理。不久，昭阳从齐国撤军。

就这样，一场大战在陈轸的巧舌下化解了。

# 坐山观虎斗

当时，韩魏两国之间的战争持续了很多年。秦惠文王想要从中调解，以获得一定的利益，并招来了诸位大臣共同探讨调解后的利弊问题。但是大臣们的意见各不相同，有觉得利大于弊的，有觉得弊大于利的。这样的结果让秦惠文王更加无从决断。秦惠文王便将此事告知给了陈轸，想看看他有什么高见。陈轸并没有着急回答利弊的问题，反而给秦惠文王说起了故事。

据说，有一个名唤卞庄子的人，他是一位十分了得的打虎英雄。一次，他偶然看见有两头猛虎正在为一头牛激烈的搏斗着。卞庄子见状，就准备拔出剑去刺杀老虎。正当他要行动时，却被旁边的人一把拉住了，那人对卞庄子说道："这两头老虎正在争食呢。为了食物，必然会拼死相护。你等他们厮杀完，到时候，必是一死一伤，之后你便可不费吹灰之力杀了老虎，这不是一举两得吗？"陈轸说完后，秦惠文王陷入了沉思。

陈轸接着又说道："这里的两虎就如同韩、魏两国，您放任这两国互相战斗，结局必然是强者受损，弱者消亡，到时候您再出手，不是得到的利益更大吗？"秦惠文王恍然大悟，连连称赞此计绝妙。于是他命人随时关注韩、魏两国的战况，耐心地等待时机。后来，韩国战败，秦国趁着魏国还未休整完毕，即刻发兵进攻魏国，轻松获得了胜利。

虽然陈轸此人口才和谋略都为上佳，但当时秦国已有张仪，所谓"一山不容二虎"，他一直未受到秦惠文王的重用。后来，张仪被任命为秦相，陈轸便投奔了楚国。

# 张仪巧计骗楚王

从魏国回到秦国后，张仪再次被任命为国相。公元前313年，秦惠王意欲攻打齐国，奈何此时齐楚联盟，让秦惠王不得不有所忌惮。于是，他便派张仪前往楚国，想要以秦楚结盟来挑拨齐楚联盟。

当时，张仪见到楚怀王，就齐楚联盟一事，说道："大王如果听从臣的建议，与齐国断绝来往，秦国将献给您商於之地，约有六百里，并且还献上秦国美人数人。从此，秦楚两国互通婚姻，结为友国。不知大王意下如何？"听了张仪的条件后，楚怀王有点心动，欣然答应了与齐断交，转而与秦结盟。

朝堂上，群臣皆在为此事庆贺，唯独大臣陈轸眉头紧锁，闷闷不乐。楚怀王见状，便问道："我们不费一兵一卒，便得了这六百里的土地，爱卿怎么看着不高兴呢？"陈轸担忧地回道："首先秦国还未真正将商於之地送到我们手上，再者，若齐国收到消息，转而与秦国结盟，攻打楚国，后果不堪设想。"楚怀王根本不相信齐国会与秦国结盟，陈轸之言实属多虑。陈轸仍再三劝谏道："秦国之所以会献上土地是畏惧齐楚联盟，若我们此刻毁了与齐国的联盟，不仅让我们自己孤立无援、失了诚信，而且秦国也不会真正奉上土地的。若大王非要如此，一定要派人跟随张仪回秦国。等秦国交了土地之后，再与齐国断交也不迟啊。"楚怀王听后很是不悦，他觉得实在是没有什么需要担忧的。

于是，楚怀王一边传令关闭边境口岸，与齐国断交，一边授予张仪相印，重赏了他，还派出将领护送张仪回秦。谁知快到咸阳时，张仪“不小心”从车上摔了下来，结果三个月未去上朝。楚怀王听闻此事后，以为张仪顾虑楚国未和齐国断交，便立即派人大骂齐王。不久，楚国与齐国断了交。结果，齐王因被楚国侮辱转而寻求与秦国结盟，秦国欣然同意。

张仪知道齐国与秦国建立盟约后，终于上朝了。当时，张仪与楚国使者就赠送楚国商於之地在朝堂上争论。奈何张仪一口咬定，自己只答应过赠送楚国六里土地，而非六百里。最终，楚国使者难以辩驳，只能空手而归。

楚怀王知道后怒不可遏，他气愤自己竟然被张仪如此戏弄，为了挽回颜面，他下令立即进攻秦国。结果，楚国不敌齐秦联军，不仅大败，还丢了汉中之地。不久，不甘心的楚怀王又集结了楚国军队进攻秦国，结果还是惨败。

后来，秦国派使臣前往楚国，表示愿意用商於六百里地，换取楚国的黔中之地。此时，楚怀王一听到“商於之地”四字，便恨得牙痒痒。他回道：“只要秦国愿意献上张仪一人，我就把黔中之地献给秦国。”

张仪听闻楚王此言后，对秦王说道：“若用我一人，就换得楚国的黔中之地，我十分乐意前往。”之后，张仪便毅然决然地来到了楚国。一踏进楚地，张仪便被囚禁了起来。

事实上，张仪知道自己此行必是凶多吉少，所以他事先贿赂好了楚国大臣靳尚和楚王宠妃郑袖。当时，郑袖不断对楚王吹枕边风。她说：“楚国若杀了张仪，必然会惹怒秦国。如果那样，我就请求大王将我们母子一同迁往江南，以免遭秦军杀害。”就这样，在靳尚和郑袖的蛊惑下，楚怀王不仅放了张仪，还厚待如初。

张仪被放后，没有立即回秦国，转而开始以连横之术游说楚怀王，与秦国联合。他对怀王说道：“秦国地广粮足，兵强马壮，又有黄河等天然屏障，如同猛虎，谁敢轻易进犯？而那些加入合纵联盟的诸侯国则如同群羊，大王您不亲近猛虎，转而与群羊为伍，实在是失策啊。”见怀王脸色不对，张仪又劝道：“这天下的强国，我认为唯有楚秦两国。”怀王有些犹豫不决，张仪威胁道："若大王不与秦联盟，等秦国占领了魏韩之地后，同时夹击楚国，到时候楚国可就危险了啊。"接着，他又语重心长地道："秦国与楚国接壤，本就是邻里关系。我们希望两国永结盟友。若大王还不放心，等我回国后，我请秦王派太子来楚做人质，到时候您也派楚太子到秦国为人质。此外，秦王还愿把女儿许给大王做妾，把有一万户居民的都邑进献给大王，以表诚意。不知，大王可否同意？"当时，楚国朝堂上，三闾大夫屈原严厉劝谏楚王不能相信张仪的言论。无奈，楚怀王不听忠谏，还是答应了张仪与秦国和好。

# 苏秦游说六国

苏秦，战国时期的纵横家，曾以“合纵”思想游说六国，对抗秦国。

他自小家境贫困，为了出人头地，离乡远赴齐国，拜鬼谷子为师。学成后，他四处游行，想要谋得一个好的前程，奈何一直未受赏识，不能达成所愿。穷困潦倒之下，他只得返回家乡。

当时，看到在外闯荡许久却一直一无所获的苏秦，家里人都看不起他，对他的态度也十分冷淡。暗自伤心的苏秦没有一蹶不振，而是更加潜心读书。每每看书疲倦不已时，他便用锥子刺自己的大腿，以疼痛保持清醒。久而久之，他的大腿上已是伤痕累累。这也是后来《三字经》中“头悬梁，锥刺股”的锥刺股故事的来源。

通过对七国强弱的分析，苏秦提出了“合纵”之法，即联合众多弱小的国家一起对抗一个强大的国家。当时，以崤山为界，位于西边的秦国锐意改革，而位于东边的六国长期彼此消耗，曾经七国并存的形势日益难以维持。苏秦的“合纵”之法就是想要联合六国制衡日渐强大的秦国。于是，他便踏上了游说六国的征途。

他来到了实力弱小的燕国。当时，秦赵两国都想要并吞燕国，刚开始两国实力相当，能够彼此制衡。随着秦国的强大，两国的平衡已然被打破。苏秦将燕国的处境一一分析给燕文侯听，经过一番的深思熟虑后，燕文侯封苏秦为相，并派他前往赵国游说。

于是，苏秦又来到了赵国。一方面，他向赵肃侯详述了秦国的野心：秦国与赵国相邻，日益强大的秦国必然会把赵国作为首要征服的对象；另一方面，他提议赵肃侯组建六国联盟，凭借赵国在六国中的实力，若能号召，必然是声望大噪。赵肃侯心动不已，便同意与燕国联盟，并资助苏秦前往其他各国游说。

之后，在苏秦的努力下，韩国、魏国、齐国、楚国也都成了合纵联盟的一员。事实上，苏秦的游说之路并不是一帆风顺的。当时，齐国与秦国相隔赵、魏、韩三国，实力雄厚的齐国并不想卷入这场纷争中，对秦国的态度也一直是顺从、放任。苏秦以唇亡齿寒之理向齐宣王解释道：“纵然此时，齐国和秦国相距甚远，但若秦国攻占了韩国、魏国，国土日益扩大，终究是不会放过齐国的。若您此时对秦国无动于衷，之后恐怕是再难以对抗了。”就这样，齐宣王也被苏秦说服了。

之后，六国团结一致，共同抗秦，任命苏秦为“纵约长”，并授予他六国的相印。这导致此后的很长时间内，秦国一直不敢轻易攻打六国中的任何一国。

# 完璧归赵

公元前283年，秦昭襄王听说赵惠文王得了和氏璧，便派使者前往赵国，表示愿意以十五座城来换那块和氏璧，希望赵王答应。赵惠文王一方面想要答应秦国但又怕上当；另一方面若不答应，又怕得罪秦国。于是，赵惠文王与大臣们商量了许久，也没有想到一个好办法。

这时，一位名叫缪贤的宦官对赵王禀奏道："臣有一个门客，名叫蔺相如，他是一位挺有见识的谋士，让他护送和氏璧去秦国，应该是不错的选择。"赵惠文王听后，便召见了蔺相如。赵惠文王问道："秦王拿十五座城来换取赵国的和氏璧，所以先生认为本王是答应好，还是不答应好？"蔺相如说："秦国强大，咱们弱小，怎能不答应秦国的请求呢？"赵惠文王接着又说："若是把和氏璧送到了秦国，秦国不割让十五座城，这又该怎么办呢？"蔺相如答道："秦国能拿十五座城换一块玉璧，这是十分高的礼遇了。所以若我们不答应，那错就在我们。但大王若把和氏璧送到了秦国，秦国到时候不割让这十五座城，那么错在秦国了。所以我认为，宁可让秦国担了这个错，咱们也不能不答应。"赵惠文王听后，深以为然，说道："那可否请先生亲自去秦国一趟呢？"蔺相如说："若是大王无绝佳的人选，那便派我去吧。若秦国交了这十五座城，我便把和氏璧献给秦国，若不然，我一定会把和氏璧安然带回赵国的。"于是，赵惠文王拜蔺相如为大夫，派他护送和氏璧前往秦国。

蔺相如带着和氏璧到了咸阳。秦昭襄王听说赵国送和氏璧来了，高兴地接见了蔺相如。蔺相如恭敬地将和氏璧献给了秦王。秦昭襄王接过和氏璧，十分欢喜，不仅给左右大臣一一传看，还交给了后宫嫔妃一一传看。朝堂上，群臣皆在为秦王欢呼，而对换城之事闭口不提。蔺相如心想："秦王果然不是真心实意地拿城来交换。可是玉璧已经到了别人手里，怎么能再拿回来呢？"于是，他急中生智，上前对秦昭襄王说："这块玉璧看着虽说挺好，可是有点小毛病，别人不容易瞧出来，让我指给大王瞧一瞧。"秦昭襄王听闻有瑕疵，立即派人把和氏璧递给了蔺相如。

蔺相如拿着和氏璧往后退了几步，靠着朝堂上的大柱子，气愤地对秦昭襄王言道："当时，您派使臣表示愿以十五座城来交换这块和氏璧。赵臣们皆认为此话不可信，唯独我坚信大国的国君必然是讲信义的。于是，赵王斋戒沐浴了五日，派我把和氏璧送来。赵王如此重视，然而您却将和氏璧随随便便传看，且一直不提换城之事，可见大王并没有交换的诚意。如今和氏璧在我的手里。大王要是逼我的话，我宁可把我的脑袋和这块玉璧一同砸碎在这根柱子上！"话音刚落，便看见蔺相如举起了和氏璧，对着柱子就要摔。

秦昭襄王见状，连忙说道："大夫别误会了。我哪能说了不算啊？"说着，便让人拿来了地图，随便一指，道："从这里到那里，一共有十五座城池，全割让给赵国。"蔺相如看了一眼，担心这是秦王的缓兵之策。于是，他对秦昭襄王说道："赵王曾斋戒了五日，又在朝堂上举行了一场很隆重的送玉仪式。所以，臣也想请大王同样斋戒五日，然后再举行一场接受玉璧的仪式。如此，也算是郑重其事地尽了礼，我也好把和氏璧奉上。"秦昭襄王心想，人和玉都在秦国，又有士兵把守，反正也逃不了，就答应了蔺相如的请求，表示在五日之后举行接玉仪式。

之后，秦王派人把蔺相如护送到宾馆去歇息。蔺相如拿着和氏璧，回到了宾馆，立即安排手下人装扮成买卖人的模样，带着和氏璧偷偷地从小道返回了赵国。

五日后，秦昭襄王与大臣们，以及各国使臣一同参加接受和氏璧的仪式。只听侍臣一声高喊："请赵国的使臣上殿！"蔺相如不慌不忙地走上了殿。他向秦昭襄王行了礼。秦昭襄王见他空着两只手，说道："本王已斋戒了五天，这会儿举行接受玉璧的仪式吧。"蔺相如说："秦国自从穆公以来，前后二十几位君主，没有一个讲信义的。孟明视欺骗了晋国，商鞅欺骗了魏国，张仪欺骗了楚国……过去的事一件件都在那儿摆着。我也怕受到欺骗，对不起赵王，所以已经把和氏璧送回赵国了。"

秦昭襄王听后大发雷霆，说道："本王依你之言，斋戒五日，可你竟然不守约，把和氏璧送回去了！真是胆大妄为！"随即命人将蔺相如绑了起来。蔺相如面不改色，说道："大王息怒。秦国强大，赵国弱小，自古只有强国欺负弱国，哪有弱国欺负强国的道理。若大王真想得到那块和氏璧，只要先把那十五座城交给赵国，赵国得了十五座城后，绝不敢得罪秦国，必然会双手奉上和氏璧。我知道欺骗了大王，必然是死罪，还请大王赐死。"

秦昭襄王听后，考虑到杀了蔺相如也得不到和氏璧，反而还会损害两国的和气，便制止了随旁的士兵，道："不过就是一块玉璧，我们且不能因为这件小事伤了两国的情谊。"于是，依旧以礼招待了蔺相如，也让他安全地回到了赵国。

## 鸡鸣狗盗

公元前299年，孟尝君田文被齐滑王派往秦国。当时，秦昭襄王十分欣赏孟尝君，便想要以相位留他在秦国，但这一想法却受到了一些大臣的极力反对。在他们看来，孟尝君此人虽然贤名远播，但他毕竟来自齐国，且在齐国也是位高权重的。若是他之后坐上了秦国的相位，在齐国和秦国发生利益冲突时，谁也无法保证他一定会站在秦国这边。为了维护秦国的利益，秦昭襄王最终没有一意孤行。但是，如此贤能之人，若就这样放了回去，秦昭襄王也是十分不愿意的。于是，他将孟尝君软禁了起来，谋划着随便找个理由处死孟尝君。

孟尝君得知这个消息后，虽然十分不安，但也积极寻求自救的办法。他派出亲信，前往秦昭襄王的宠妃那里，以重金寻求她的帮忙。当时，孟尝君有一件白色狐狸毛所制的衣服，十分华丽且少见。孟尝君这次入秦时便将它献给了秦昭襄王。谁知那名宠妃看上了这件衣服，直言孟尝君必须以它为谢礼，才愿意帮忙。无奈，衣服已经送给了秦昭襄王，这世间又没有第二件，一时间孟尝君陷入了苦恼。

这时，孟尝君身边的一位门客提议，将之前送与秦王的那件偷回来。孟尝君别无他法，也只得同意。入夜后，只见那位门客只身一人潜入了宫中。遇到巡夜的侍卫时，他已成功伪装，从狗洞里钻过去，成功地逃过了士兵们的耳目。最后，门客安然无恙的回来复命，将那件狐衣交给了孟尝君。孟尝君拿到衣服后，立即派人送给了秦王宠妃。最终，在那位宠妃的说情下，孟尝君被成功释放回国了。

孟尝君脱身后，立即带着早已备好的通关文书向齐国逃去。当时，天还未全亮，孟尝君一行人已快马加鞭赶到了函谷关。奈何，根据秦律函谷关每日只有到了鸡鸣之时方才开关放行。眼看胜利就在眼前，孟尝君十分担心耽误过久，必会夜长梦多。就在一行人坐立不安之际，又有一位门客站了出来。他说：“只要我们能模仿鸡鸣，然后带动其他鸡一起鸣叫，难局不就迎刃而解了吗？”于是，他学着鸡打鸣的样子叫了起来，一时间附近的鸡也都跟着叫了起来。就这样，鸡鸣停息不久后，关门打开了，孟尝君一行人趁着夜色安全出了关。

等到秦昭襄王后悔放了孟尝君，派兵追击时，一切为时已晚。事实上，后来的成语“鸡鸣狗盗”就是出自此故事。

## 狡兔三窟

冯谖是战国时期齐国孟尝君的门客，初来齐国时，表现得一无是处，因此并没有得到孟尝君的重视，且被安排在下等房里。当时，孟尝君的门客被分为不同等级，也有不同的住所，待遇也是不一的。住在上等房的人，衣食住行都是顶级配置，在中等房的人则稍次之，而住在下等房的人起居都很简陋。

因此，冯谖便每日在房中用手弹着他所佩带的长剑，唱道：“长剑啊，我们还是回去吧，在这里都没有鱼吃。”孟尝君听了属下的汇报后，便吩咐将冯谖移到了中等房。没过几天，冯谖又开始弹剑唱歌。他唱道：“长剑啊，我们还是回去吧，在这里都没有车坐。”孟尝君又吩咐将冯谖移到了上等房。谁知，才过了几天，他又弹起了剑，唱道：“长剑啊，我们还是回去吧，在这里就无人照顾家里了。”于是，孟尝君又派人长期照顾他母亲的衣食住行。冯谖的这一系列要求让其他人都觉得他是一个不知足的人。但孟尝君对此从未多言，一一都为他达成了，这让冯谖很是感动。他悄悄下定决心要全力辅佐孟尝君。

当时，孟尝君需要一位门客到他的封地薛地收取债务。因冯谖在孟尝君门下一直无所表现，便成了这一人选。临行之际，他询问孟尝君，债务收完之后，是否需要买些什么回来？当时，孟尝君并未在意，便说：“你看缺啥就买啥吧。”

于是，冯谖便前往了薛地。当地官员先是将那些欠债的百姓召集了起来，然后开始对债券一一进行核对。谁知，最后冯谖一把火烧了所有的债券，边烧边说："孟尝君门客过多，开支过大，债务之事也是不得已而为之。但他说了，有能力还的则还，没有能力的就都一笔勾销吧。"百姓听后，都连连感叹、称赞。

办完了差事，冯谖便回来复命。孟尝君询问冯谖，是否收了债款，又买了些什么？冯谖回道："债务已收完，我为您买了'民心'。"接着又说："我假借您的名义，将百姓的债券全部烧毁了，百姓都很高兴。"孟尝君很是不解，但也没有多说什么。

后来，孟尝君被齐湣王罢了相位，谴回封地。而之前冯谖在薛地毁债一事让孟尝君在薛地深得民心。百姓们纷纷前来欢迎孟尝君。孟尝君这才恍然大悟。经此事后，孟尝君不仅对冯谖大为改观，对他的能力也深信不疑。然而，冯谖并没有满足于此，在他看来，狡兔尚有三窟，才能幸免于难。于是，他为了保护孟尝君，决定再为其周旋，营造另外"二窟"。

随后，冯谖前往魏国游说魏王重用孟尝君。他向魏惠王透露，齐湣王听信谗言，将孟尝君罢免了相位，而孟尝君此人不仅才能卓越，而且声名在外，若魏国能得此人，必然是如虎添翼啊。魏惠王思虑一番后，也深以为然。于是，他派出使臣带着重金，前往了薛地。但事实上，冯谖此举并不是真的想让孟尝君去魏国任相，只是营造一种声势而已。

当时，齐湣王听闻孟尝君拒绝魏国之邀时，一方面很感动，另一方面也很担忧。凭借着孟尝君的才能，若为魏国或其他诸侯国所用，实在对齐国很不利。于是，他最终还是命太傅带着重金，前往薛地，重新任命孟尝君为相。

就这样，孟尝君又回到了相位。冯谖趁机建议孟尝君向齐湣王请旨，在薛地建立宗庙，以便日后祭祀先王。孟尝君听从了冯谖的提议，齐湣王也欣然同意了。事实上，自古帝王都很重视宗庙。在冯谖看来，若薛地有了先王宗庙护身，齐湣王日后就不会轻易对薛地用兵，还会派重兵加以保护。

随着薛地宗庙的建立，冯谖信守诺言，成功为孟尝君建了“三窟”，护佑孟尝君的平安。自此，在冯谖的未雨绸缪下，孟尝君在这个风云诡谲的战国时代，一直平安无事。

# 渑池之会

公元前279年，秦昭襄王为了进军楚国，邀请了赵惠文王在渑池会晤，想要与赵国结为盟友，以免赵国插手秦楚之战。

当时，赵惠文王收到邀请后，十分担心自己此去会被秦国软禁，因此一直忧心忡忡的他，想要寻个借口推辞不去，便问计于群臣。蔺相如与大将军廉颇都表示必须赴约，不然定会被秦国瞧不起。无奈，赵惠文王只得前往渑池，且由蔺相如陪同，而大将军廉颇则留在都城辅助太子。

为了此次赴约的安全，平原君赵胜提议赵惠文王精选五千士兵作为随从，且在渑池三十里外驻扎部队作为接应。此外，为防止秦军扣押赵王，廉颇建议赵惠文王提前做好后继者的打算。他说道："此次赴约不知是吉是凶，若大王一直迟迟未归，为了赵国的安稳，还望立即由太子即位，以防赵国受到秦军威胁。"大臣们的建议赵惠文王都一一答应了。

到了会盟的日子，秦昭襄王和赵惠文王在渑池碰了面。二人在宴会上畅饮闲谈，彼此看似是一见如故，相见恨晚，但事实上宴席上却是暗流涌动。秦昭襄王喝了几杯酒后，趁着醉意对赵惠文王说道："听闻赵王善乐器，我这里正好有一个宝瑟，不知赵王可否为宴会助兴，弹奏一曲。"作为一国之君居然要当众演奏，赵惠文王为难不已，但也不敢推辞，便弹奏了一曲。一曲罢后，秦昭襄王对赵王连连称赞。只见，秦国史官当下便记录了此事，并大声念道："某年某月某日秦王和赵王在渑池相会，秦王命赵王弹瑟。"赵惠文王听到后，怒不可遏，但也只得忍气吞声。

秦王公然把赵王当做臣子，还将此事记录在史书中，赵国可谓是丢尽了脸面。这时，蔺相如拿着一个缶，突然出列拜见秦昭襄王，道："赵王听说秦王十分擅长秦国音乐。这里正好有一个缶，不知秦王是否也可演奏一曲？"秦昭襄王听后，脸色骤变，没有理会蔺相如。蔺相如见状，继续说道："虽说秦国兵力强大，可是在这五步之内，我就可以把我的血溅到大王身上去！"秦昭襄王见他步步紧逼，不得不象征性地击了一下缶。蔺相如立即回身，也让赵国史官记录道："某年某月某日，赵王和秦王在渑池相会，秦王为赵王击缶。"秦国大臣见状，纷纷认为蔺相如此举有损秦王尊严，并表示要赵王给秦国割让十五座城，为秦王献礼。蔺相如不屑道："那也请秦王割让咸阳给赵王献礼！"宴会上，双方正僵持不下。

突然，秦昭襄王得到密报。原来赵国大军就驻扎在附近，随时准备作战。他深知此刻必然得不到任何好处的，便制止了秦国的大臣们，又安排蔺相如坐下，对着所有人说道："今日，是秦国和赵国会盟的好日子，大家就不要为这点小事失了和气，赶快入座，继续喝酒吧。"说着，秦昭襄王敬了赵惠文王一杯酒，赵惠文王也回敬了一杯，二人相约两国互不侵犯。就此，渑池会盟圆满结束。

# 将相和

因渑池之功，蔺相如被赵王拜为上卿，地位远超大将军廉颇，这让廉颇心有不甘。在廉颇看来，他为赵国东征西战，冒险所立的功劳，居然抵不过蔺相如凭借一张嘴所立的功劳。这真是天下之大缪。因此，廉颇毫不掩饰对蔺相如的敌对之意，常对人说："若哪一天碰到了蔺相如，我一定要好好羞辱他一番。"

蔺相如听说此事后，为了避免与廉颇发生冲突，就处处躲开他，每次出行必定绕道而行，甚至还借口不上朝。蔺相如的回避行为，让他的随从们十分不解，在他们看来，蔺相如没必要这么窝囊。蔺相如看出了他们的心思，语重心长地说道："在你们看来，廉颇将军与秦王相比，哪一个更强？"众人答道："自然是秦王更加威严、勇猛。"蔺相如笑道："连秦王那样的人，我都敢当着他的面呵斥他，我又怎么会害怕廉颇将军呢？"众人沉默，蔺相如接着说道："赵国目前尚不安稳，秦国对我们虎视眈眈。我和廉颇都是赵国重臣，若我们二人关系恶劣，必定会让他国有机可乘。所以我们怎能因私人恩怨，置国家安危而不顾呢？"众人听后，对蔺相如肃然起敬，对廉颇也更加以礼相待。

不久，蔺相如的这番话传到了廉颇耳中。他一方面对自己狭隘行径十分惭愧；另一方面对蔺相如以大局为重、宽宏大量很是敬佩。于是，他脱下了一身战袍，赤着上身，背着荆条来到了蔺相如的府邸。他跪着请罪道："都怪我心胸狭隘，不懂得以大局为重，特来请罪，甘愿领罚。"蔺相如看着前来负荆请罪的廉颇，连忙扶他起来，一边解开他身上的绳索和荆条，一边说道："廉将军言重了，您为国家出生入死，我实在愧不敢当啊。我愿意和您一起团结一心，守护赵国。"此事之后，廉颇和蔺相如便成了莫逆之交，二人共同护卫着赵国，因此秦国也一直不敢轻易侵犯赵国。

后来，将相和的故事也被广为传唱，出现了许多改编形式的故事。

# 纸上谈兵

赵括，赵国名将赵奢之子。他自小酷爱研习兵法，不仅广阅兵书，还对战争形势十分有见解，曾多次为其父出谋划策，甚至也曾著书立说。因此，赵括在赵国十分受敬仰。但事实上，赵括本人从未亲率过兵马作战，连他的父亲在临终前也千叮咛万嘱咐，不同意让赵括率兵作战，否则后果不堪设想。

公元前260年，秦国派兵进攻上党。上党向赵国求救，赵国派老将廉颇在长平接应上党百姓，并抵抗秦军。于是，秦军转而进攻赵国长平。但由于赵军实力不如秦军，多次交战，赵国均以失败告终。于是，廉颇决定改变战术，以防守为主，想借助这种持久、消耗战来拖垮秦军。所以，即使秦军多次前来挑衅，廉颇也不为所动。就这样，秦军毫无办法，双方陷入了僵持。当时，赵孝成王见廉颇前期屡战屡败，现在又闭城不出，因此对廉颇十分不满。赵王的不满让秦军觉得有机可乘，秦相范雎心生一计，想要使用反间计，挑拨赵孝成王与廉颇的关系，好罢了廉颇的主将之位。

于是，范雎暗中派人前往赵国都城邯郸，并用重金收买了赵王的一些侍臣们。他们在赵孝成王面前一方面数落廉颇年老，不敢与秦军作战，恐怕不久会不战而降；另一方面又旁敲侧击，透露秦军害怕的不是廉颇，而是赵括。赵孝成王本就对廉颇有意见，这下更加重了对廉颇的不信任。因此，不久，长平便传开了赵孝成王以赵括换廉颇的换将消息。

当时，在朝堂上，蔺相如听到赵孝成王要任用赵括为将，曾冒死相劝。他苦口婆心道：“赵括虽然善于谈论兵法，但根本没有任何带兵打仗的经验。在这么重要的战争中，任命他为主帅，恐怕他难以胜任啊。”无奈，赵孝成王决心已定，丝毫不理会蔺相如的谏言。

事实上，就连赵括的母亲也曾上书赵孝成王，表示不能任命赵括为将。赵孝成王不解，便召她进宫询问原因。她的意见是，赵括的父亲在临终前，曾告诫不能任命赵括为主将。虽然赵括懂得不少兵法，但从来没有真正上过战场，带兵打仗于他而言是完全没有经验的。世人皆认为赵括是将帅之才，但他的父亲是十分担忧的。若以赵括为将，不仅不能获胜，恐怕还会延误国事。赵孝成王听了赵括母亲的话后，仍不以为意，一意孤行地用赵括替换了廉颇。结果，在长平之战中，赵军惨败。

# 长平之战

公元前260年，赵括受赵孝成王之命，率领二十万大军来到长平，并接手了原守将廉颇统率的二十万大军。坐拥四十万大军的赵括，急切希望能在与秦军对战中一展锋芒。于是，他一改之前廉颇的坚守策略，转而主动向秦军发起了大规模的进攻。

秦相范雎得知赵王让赵括代替了廉颇，暗喜不已。因为这意味着之前的反间计取得了成效。于是，秦国派出将军白起领军应战。白起率秦军假装败退。赵括自以为打了胜仗，便开始轻敌，更加肆无忌惮地追击秦军。结果，赵括中了秦军的埋伏，陷入秦军的包围。赵军虽拼命反击，但也没能成功突围。

当时，白起将手中的骑兵一分为二：主力部队共计二万五千人，将赵军的后路完全阻截，赵军被迫陷入孤立无援的境地；另一支骑兵部队，共计五千人，切断了赵军回营的去路，赵军因此失去了退路。就这样，赵军被一分为二，粮草的供给也被迫中断。不久，赵军不敢再应战，只能筑起壁垒转为防守，等待援兵的到来。而在这段时间内，秦军并没有完全无所行动，秦昭襄王亲自号召十五岁以上男子到长平挡住赵国援兵，并拦截赵军的粮草。

经过四十多天的断粮，赵国士兵早已被饿得头昏眼花，完全没有了任何作战的能力，在赵国军营中甚至还出现了人吃人的现象。赵括见赵军士气如此低迷，心想再继续坚守下去，恐怕秦军就要不战而胜了，便决定破釜沉舟，率军突围。他把赵军分为四队，轮番进攻秦军，持续了四五次，可依然没有成功。最后，赵括亲自率领精锐部队奋力一搏，却不幸被秦军乱箭射死。就这样，赵军大败，四十万士兵全部被俘。由于赵国被俘士兵过多，主将白起担心管理不好会引发动乱，便和手下商议，决定只将赵军中年纪尚幼的二百四十人放回了赵国，而其余赵军全部被坑杀。

至此，长平之战以赵国惨败结束，秦国不仅借此威震了东方六国，还扫除了在统一之路上的最大障碍，赵国从此一蹶不振，再也无力阻挡秦国的东出脚步。

# 毛遂自荐

毛遂，赵国平原君赵胜的门客。

当时，秦国在长平打败了赵国，一路乘胜追击，进攻到了赵都城城邯郸城下，并包围了邯郸。秦昭襄王的意图非常明显，意在一举灭掉赵国。看到秦军兵临城下，赵孝成王十分恐慌。于是，他派出平原君赵胜前往楚国求救。收到命令后，平原君意欲带上二十名门客前往楚国。在他看来，楚国这个救兵，若不能用文的方式劝说成功，就是用武力的方式也要拿下，不然赵国的后果将不堪设想。挑来挑去，平原君也只相中了十九个人，这最后一个人怎么也选不出。

这时，一位名叫毛遂的门客主动站了出来。他先是拜见了平原君，然后说道："听闻主公要带二十名门客前往楚国，这最后一个名额是否可以考虑在下？"平原君闻言，上下打量了毛遂许久，道："你来我这里有几年了？"毛遂回道："在这里，我已经待了三年了。"平原君接着问道："既然你来此已有三年之久，但在这三年里，我从未听到过任何人在我的面前提及你，可见你并不是才能出众之人。而今，我此去楚国任重道远，直接关系到赵国的未来。你没有那个能力，就不要揽这个任务了，还是继续留在这里吧。"毛遂说："那是因为一直以来，我都刻意隐藏了自己的实力。我一直在等待一个机会，能发挥自己的才能。而此时，于我而言，正是绝佳的时机，所以我站出来了，还望您给我一个展现自己的机会。"平原君便同意了毛遂的请求。

来到楚国后，平原君立即带着门客们去见了楚王。无奈，门客们皆被拦在了大殿外，平原君只得一人前去游说楚王。但从早上一直到中午，对于平原君的请求，楚王一直没有答应。在大殿外候着的门客们都很着急。于是，他们商议让毛遂进大殿内探探情况。毛遂点了点头，扶了扶了腰间的佩剑，未得楚王召唤，便进了大殿。

楚王看见未得通报就擅自入殿的毛遂，很是不悦，对着平原君问道："此人是谁？"平原君忙回道："大王，这是我的门客。"楚王对着毛遂大怒道："我正与平原君说话，你好大的胆子，还不退下！"见平原君说服了这么久都没有结果，毛遂深知一直如此不是办法，便按了按腰间的宝剑，对楚王说道："大王如此阵仗，还不是因为楚国人多势众嘛？而今，我与您相距不过十步，若我做出什么大逆不道之事，即使楚国再人多势众也是徒然。我曾听说，商汤凭借七十里土地就打败了所有的敌国，建立了商朝；文王凭借着一百里土地打败了所有敌国，建立了周朝。现在楚国有五千里土地，有一百多万人的军队，凭借这么强大的实力，您本应该坐上这天下共主的位子啊，无奈秦国一个小小的白起率着几万军马，就把诸国百万雄师打得落花流水。秦国又占领了楚国这么多土地，杀了这么多楚国百姓，难道楚国就不恨秦国吗？而今，我们真心前来与楚国结盟，您非但不愿同意，还如此对待我们，这不是让仇者快吗？"

楚王听完毛遂说的这番话后，很是感慨。他沉思许久，终于决定与赵国结盟，共同对抗秦国。在毛遂的协助下，平原君成功说服了楚国救援赵国。回到赵国后，平原君对毛遂说："你的一条舌头堪比那百万雄师啊！"

# 信陵君窃符救赵

魏无忌，魏昭王之子，魏安釐王同父异母的弟弟。安釐王即位后，魏无忌被封于信陵，被称为信陵君。

长平之战后，秦军一鼓作气包围了赵国都城邯郸。赵国危在旦夕，而赵国平原君赵胜的妻子恰好是信陵君的姐姐。为了挽救赵国，他们多次向魏国求助。事实上，魏安釐王收到赵国的求救信后，也立即派出了大将晋鄙率十万兵马前去救援。谁知，秦国得知魏国救援一事后，向各诸侯国发出严厉警告，宣称若有诸侯国救援赵国，则是与秦为敌，结局就会如赵国一般。因担心秦国日后报复，安釐王便放弃了救援计划，转而让晋鄙之军在邺城驻扎了下来。

平原君见魏国援军久久不到，很是愤怒。唯一能做的也只能是寄书信给信陵君魏无忌，催促援军。当时，魏无忌为了赵国一事，曾多次劝谏安釐王出兵救援。无奈魏安釐王胆小怕事，始终是按兵不动。魏无忌见说服无果，便自发组织了自己的门客，备了百余辆车马，意欲救援赵国。

侯嬴当时已年过七十，为人正直，与信陵君交好。当他得知信陵君要去赵国拼死一战时，便早早在城门口等待。他对信陵君说：“秦国虎视眈眈，公子您认为此去，对赵国能有多大帮助呢？”魏王不听劝谏，信陵君也很无奈，他自知现在的行为无异于螳臂当车，但也无法眼睁睁看着赵国被秦国灭亡。

这时，侯嬴主动献上一计，悄悄说道：“我听说，那调动兵马的兵符就在魏王的寝殿里。而只有一人可以帮公子拿到这兵符，那便是如姬。”事实上，如姬是魏王的宠妃，经常出入魏王的寝殿。当年，如姬父亲被奸人所害，恰好是魏无忌为她报了杀父之仇。魏无忌听后，也觉得此计可行，便立即派人秘密告知了如姬。不久，如姬果真盗来了兵符，交给了魏无忌。

魏无忌得了兵符，准备立即前往邺城，侯嬴又向他推荐了一人，名为朱亥。他说："常言道将在外，军令有所不受。若公子您把兵符给了晋鄙，而晋鄙不为所动，那时候朱亥会帮上忙的。”魏无忌心领神会，带着一众人马马不停蹄地奔向邺城。

到了邺城，魏无忌用兵符假传魏王命令，撤销晋鄙将军一职，由他统帅大军。晋鄙虽然看到了兵符，但心中仍有所怀疑。他对魏无忌说道："十万大军突然换将，不是小事，我看公子随行不多，大王就这样让您前来吗？”晋鄙不愿交出兵权。这时，朱亥趁其不备，用随身藏着的铁锤杀死了晋鄙。

晋鄙死后，魏无忌成功接管了十万大军。随即率军攻击秦军。秦军哪想到魏国会发兵救援，一时被杀的措手不及，四处逃散。在魏军和赵军的两面夹击之下，秦军溃败。于是，魏无忌成功解救了赵国之危。赵孝成王和平原君亲自前来迎接魏无忌。

魏无忌自知假传王命，还杀了大将晋鄙，回魏国必是死路一条。于是为了躲避这场灾祸，他带着门客留在了赵国，而派其他将领率十万大军回到魏国。

# 栗腹为燕攻赵

栗腹，齐国人，后辗转来到燕国。公元前272年，燕国宰相公孙操杀死了燕惠王。在栗腹的劝说下，燕惠王之子被公孙操立为燕王，史称燕武成王。自此，栗腹得到了燕王的重用，被燕王封为宰相。

当时，秦赵两国交战，燕国想坐收渔翁之利。当得知赵国惨败时，宰相栗腹立即向燕王建议，应趁着赵国虚弱之际，攻打赵国。燕王也认为机会难得，便恩准了栗腹的提议。于是，栗腹带着重金前往赵国，想要探一探赵国的虚实。燕王则在国内集结兵马，准备随时作战。

栗腹代表燕国出使赵国，受到了赵孝成王的热情款待。宴席上，几杯酒下肚，赵孝成王不免感伤了起来，直言长平之战后，赵国损失惨重，若不是魏国与楚国及时出兵救援，赵国恐怕早就灭亡了。栗腹听闻此言，表面上虽然安慰赵孝成王，但内心却在暗喜。

回到燕国后，栗腹立即将在赵国的所见所闻告诉了燕王。于是，燕王下定决心要攻打赵国。当时，乐毅之子乐间听闻此事，极力劝谏燕王，不可攻打赵国。在他看来，赵国实力雄厚，虽然长平一战受了些损失，但作为老牌的军事强国，其实力依然不可小觑。再者，赵将廉颇有勇有谋，十分了得，不应该贸然与赵为敌。但此话在燕王看来，却是长他人志气，灭自己威风。最终，乐间还是没能阻止燕王攻打赵国。

公元前251年，燕王以栗腹为帅，集结了六十万大军，兵分两路，进攻赵国。当时，赵孝成王得知燕军来犯，立即派廉颇率领十三万军队抵抗。栗腹听闻赵军只有十三万，而燕军有六十万。他认为此战燕军必胜无疑，因此十分自满、得意。这也恰恰犯了轻敌的大忌。

廉颇先是以五万赵军与燕军一路周旋，自己则亲率八万赵军迎战由栗腹亲自指挥的另一路燕军。长平之战的惨败，让所有赵国将领都十分气愤，他们正愁这腔怨气无处释放。哪知燕国居然想趁火打劫，更是怒不可遏。于是，每每作战时，赵军有如神助，所向披靡，燕军可谓是损失惨重。

到最后，栗腹见战局不妙，决心以人多之优势，一举拿下赵国。谁知，廉颇佯装不敌，节节而退，引诱燕军不断深入追赶。而这恰恰中了赵军的圈套，赵军早已设好埋伏，就等燕军入局。

结果，燕军果真进入了埋伏圈，遭到赵军的猛烈进攻，伤亡惨重。此战中，燕帅栗腹也被赵兵斩杀。紧接着，赵军乘胜进攻燕国另一路军队，成功俘虏了另一路燕军的主帅。

之后，廉颇率领赵军攻进燕国。燕王恐慌不已，连忙派使者向赵国求和。最终，燕国以五座城池的代价为这次攻赵的愚蠢行为买了单。

# 郑袖巧计害美人

郑袖，楚怀王的宠妾，虽然人美、聪明，但妒忌心很强，她也懂得用手段巩固自己在后宫的地位。

当时，魏国国君听闻楚怀王好美色，为了巴结楚怀王，便派人给楚怀王送去了一个大美女。楚怀王见到魏国美人后，十分喜欢，因此在很长一段时间内都没有临幸郑袖。郑袖深知楚怀王对魏美人的宠爱，为了投其所好，聪明的她虽然嫉恨魏美人，却总是表面佯装大方。为了亲近魏美人，她不仅天天来魏美人的住处与她谈心，还经常送魏美人漂亮的衣服与首饰。郑袖与魏美人的和谐相处，让楚怀王十分欣慰。在他看来，女人们特别是后宫的女人们都是十分善妒的，但郑袖却不是这样，因此他对郑袖很是偏爱。

有一次，郑袖在和魏美人的聊天中，透露道："妹妹的美貌可谓是有目共睹的，大王也经常在我面前赞美你，不过这美中不足的是，大王认为你的鼻子不是特别好看，所以有点不高兴。"魏美人忙问："依姐姐说，我该怎么办呢？"只见，郑袖用袖子掩住了鼻子，说道："妹妹且看这样如何。"天真的魏美人十分感激道："多谢姐姐提醒，不然大王生气，我都不知是怎么一回事呢？等下次见大王时，我一定捂住自己的鼻子，免得大王见了不高兴。"郑袖笑道："妹妹此话就见外了，大家姐妹一场，彼此之间相互照顾，那是应该的。"

事实上，魏美人却不知自己正一步步落入郑袖设下的陷阱中。当夜，楚怀王临幸魏美人。魏美人依照郑袖的建议，装扮美美的，并将自己的鼻子遮了起来。楚怀王见了觉得奇怪，但也没有多说什么。

第二日，楚怀王来见郑袖，向郑袖询问了此事。楚怀王说：“我昨夜在魏美人那里，却见她捂住了自己的鼻子。你与她关系要好，知道这是怎么一回事吗？”郑袖装作支支吾吾地回道：“回禀大王，我的确是知道这其中的原因，但是我不敢说。”楚怀王听了，更加好奇，便立即追问。

郑袖装作无奈的样子，小心翼翼地回道：“魏美人好像是不太喜欢您身上的味道。”郑袖佯装为魏美人求情道：“大王莫生气，等妹妹闻习惯了就好了。”楚怀王听后，更是怒不可遏，哪里还听得下去郑袖的话，便立即招来了宫中的侍卫，道：“你们即刻去把魏美人的鼻子给我割下来。”一旁的郑袖听后，心中暗喜，但仍旧一副姐妹情深的表情，道：“还请大王再给妹妹一次机会吧。”楚怀王气愤道：“爱妃你还是太善良了，不要再替她说话了。如此大胆，敢冒犯我，怎能不严惩？再说了，我楚国难道会缺她这么一个美人吗？”

就这样，郑袖又再一次独享专宠。事实上，后来楚怀王对张仪的放虎归山，对屈原的放逐，或多或少也都受了郑袖的枕边风影响。

# 范雎拜相

范雎，战国时期魏国人。虽说他有谈天说地之能、安邦定国之志，但因出身贫寒，一直未能得到重用，于是只能在中大夫须贾门下做了一名小小的门客。

当年，燕国乐毅联合四国讨伐齐国，魏国也曾出兵相助。后来，田单破燕复齐，齐襄王即位。魏王怕齐国报复，意欲派须贾出使齐国，重修两国关系，范雎也正好一同前去。

齐襄王召见了须贾一行人，直言魏国当年的反复无常。须贾默不作声，而一旁的范雎却在此时站了出来。他更是直言不讳："齐王此言差矣。想当年，我魏国随齐国讨伐宋国，你们齐国允诺会分一部分土地给我们。哪知道，齐国不仅没有兑现诺言，还加害于我们。所以要说背叛，也是齐国先背叛我们魏国的。再者，燕国联合四国讨伐齐国，魏国并没有随燕军进攻临淄，如今魏王主动派人前来修好。还望齐王三思而后行，以大局为重，切不要因小失大。"

范雎的临危不乱不仅缓解了尴尬的局面，挽回了魏国的脸面，还让齐襄王十分欣赏，希望能将范雎收为己用。于是，齐襄王秘密派人找到了范雎，赏赐了重金和高官，意欲留他在齐国。范雎再三推辞，终是毅然回到了魏国。

回到魏国后，须贾将齐国之行事无巨细地向相国魏齐进行了汇报。在谈到范雎时，须贾诬陷范雎有叛国之嫌。魏齐听后，立即派人抓捕了范雎，并施加了重刑。范雎哪里经得起这般毒打，不久便昏死了过去。魏齐便让狱卒将范雎扔到了茅厕旁。

不知过了多久，范雎才渐渐恢复了一点意识。一场无妄之灾，让范雎差点丢了性命。回到家中的范雎，立即让家人办了一场丧事，以避人耳目，更改姓名为张禄。后来，秦国王稽出使魏国，得知了范雎的事迹，感念人才难得，便悄悄将范雎带到了秦国。

当时，秦国大权主要掌握在太后和穰侯魏冉等人手中，秦昭襄王嬴稷的君权备受挑战。范雎的到来让秦昭襄王开始重视自己治理国家上的缺陷，并开始积极收紧手中的王权。在范雎的帮助下，他不仅成功收回了穰侯的相印，消除了咸阳城内各种妨碍王权的势力，甚至连一手遮天的芈太后也不得不退回内宫，不再干涉朝政。

公元前266年，秦昭襄王任命范雎为相。他推行“远交近攻”的政策，即一边保持与不接壤各国的友好关系，一边积极攻打临近的各国，不仅让诸多周边国家成为秦国的附属国，秦国的实力也通过战争大大加强。

# 触龙说服赵太后

公元前266年，赵国赵惠文王去世，其子丹即位，是为赵孝成王。奈何，赵孝成王年幼，国家大权全部掌握在其母赵威后的手中。

当时，秦国发兵攻打赵国，秦军一路所向披靡，赵军根本无力招架。眼看国家危在旦夕，赵太后不得不向齐国求援。但是，齐国要求赵国必须将太后的小儿子长安君送到齐国，作为人质。如此这样，才肯出兵救援。虽然送子为质在战国本是再寻常不过之事了，但赵太后仍旧怒不可遏。这可是她最心爱的儿子，岂能让他去受如此苦头。即使赵国大臣们屡次劝谏，太后依然坚决不同意。

眼看当时的赵国局势危急，臣子们虽着急万分，但却没有一个人敢再次去劝说。这时，左师触龙主动请缨，进宫求见太后。

太后自然知道触龙此番前来所谓何事，她一脸不满地接见了触龙。触龙本就是高龄，慢吞吞地拜见了太后，先以年纪大了腿脚不便向太后致歉，然后又以担心太后身体，表达此番前来主要是为了慰问。太后见他并没有提及送子为质的事，二人便说起了家常琐事。

之后，触龙想为小儿子舒祺求得一官半职，于是向太后说出了心中所想。当时，触龙语重心长地对太后说道："我有一个小儿子，年纪不过十五岁，自小特别疼爱。但是由于我年纪大了，日后必然难再照拂到他。所以希望太后能封他一官半职，让他能建功立业，也算是个日后的出路。"

太后听后，没想到不仅她们女人疼爱儿子，连这些男人也是如此疼爱幼子，顿时与触龙产生了共鸣："你们男人也这么疼爱幼子吗？"没想到触龙却说道："太后此言差矣，臣可是听说您爱燕后更胜于长安君啊。"燕后本是赵威后之女，后嫁给燕王为妻，是为燕后。赵威后听到此传闻，连连否认。于是，触龙为自己的言论忙向太后解释。在他看来，若父母疼爱子女，是不会局限于眼前，也会为其未来做打算的。当年，燕后出嫁时，太后泣不成声。每逢祭祀，太后便会为燕后祈福，虽然口中不希望燕后回赵，但是也希望燕后的子嗣能世代都能为燕王。这就是在为燕后的未来做打算啊。触龙看太后在沉思，话锋一转，又问太后道："不知而今赵氏的那些旁系子孙还有加官晋爵一说的吗？"太后摇了摇头。

接着，触龙又因感慨，说了起来。他说："所谓祸及子孙，尽管现在他们地位显贵，但是若一直碌碌无为，一旦失去了父母的庇护，他们要怎么生存下去啊。就如同现在的长安君一样，您将所有的财富都赐予他，但这只是暂时的，若将来您也老了，没有功绩的长安君要怎样在赵国生存下去呢？这也就是我说您不疼爱长安君的原因。"

在触龙动之以情，晓之以理的话语中，赵威后也深以为然。于是，她终于心服口服，松口让长安君去了齐国。与此同时，齐国果然也出兵救援赵国。

# 屈原投江

屈原，名平，楚武王熊通之后裔。由于武王的儿子被封于屈地，称屈瑕，所以他的后代也都姓屈。屈原曾在楚国担任三闾大夫。

当时，楚国被秦国打败后，一直深受秦国欺辱，因此楚怀王想重新和齐国联合，以对抗秦国。怎知这时候，一封来自秦昭襄王的书信送到了楚怀王手中。在信中，秦昭襄王邀请楚怀王到武关会盟。

自从收到秦国来信后，楚怀王一直惴惴不安。在他看来，若是不去，就会得罪秦国；若是去了，又担心会有危险。于是，他急召了大臣商量对策。大夫屈原就曾上言，道："秦国就好比豺狼，是贪得无厌的。我们楚国受秦国的欺辱也不是一日两日的事了。若大王此去，必然是深入虎穴。"无奈，楚怀王听信了公子子兰等人的话，还是前去赴会了。

结果，不出屈原所料，楚怀王刚踏进秦国的武关，立即就被秦国预先埋伏的人马截断了后路。在会面时，秦昭襄王逼迫楚怀王把黔中的土地割让给秦国，楚怀王没有答应。于是，秦昭襄王就把楚怀王关押到了咸阳，软禁了起来，并要求楚国大臣拿黔中一带的土地来赎，才肯放回楚怀王。楚国大臣听说楚怀王被秦国扣押后，不仅拒绝割让土地，还立即扶持了太子为新君，即为顷襄王。

楚怀王在秦国被囚禁了一年，最后郁郁而终。楚国百姓因楚怀王被囚禁而死一事，对秦国的行为皆是愤愤不平。这其中尤以大夫屈原的反应最为激烈。在朝堂上，他常常劝谏楚顷襄王要广开言路，招贤纳士，重视军事力量的积累，以为之后向秦国报仇雪恨。无奈，他苦口婆心的劝说不但没有引起顷襄王的重视，反而招来了令尹子兰和大夫靳尚等人的嫉恨。狼狈为奸的他们经常在顷襄王面前造谣屈原。他们说屈原总在背后数落楚顷襄王，说楚顷襄王忘记对秦国的仇恨就是不孝；楚国大臣不主张抗秦，就是不忠。楚国有这样一帮不忠不孝的君臣，不久就要灭亡了。楚顷襄王听后大怒，不仅罢免了屈原的官职，还将他放逐到湘南之地。

当时，被流放的屈原心中苦闷，无法排解，便经常在汨罗江徘徊，口中还常常吟唱着那些悲伤的诗篇。有一次，他在江边偶遇一个渔夫。渔夫见屈原如此落魄，问道："您贵为楚国的大夫，怎么会落得这般田地啊？"屈原无奈地回道："世人多肮脏，唯有我是清白之身；世人多昏醉，唯有我独醒。所以我被流放到了这里。"渔夫听后，不以为然道："既然您觉得他人都是肮脏不堪的，那您为什么要自命清高呢？您觉得他人都昏醉，为什么您要独自清醒呢？"屈原反对道："我曾听人说道，刚洗完头的人总是会把帽子上的灰尘弹一弹，而那些刚洗完澡的人也总是忍不住要将衣服上的灰尘掸一掸。所以啊，我这个人是宁愿投江喂鱼，也不想自己的清白之身沾染了这世俗的浑浊。"

公元前279年，秦国大将白起率军攻克楚国，成功占领了楚国都城。屈原听到此消息后悲痛不已。山河破碎，他陷入了无尽的绝望之中。他不愿意就这么随波逐流地活着，于是，在农历五月初五这一天，他抱着一块大石头跳入了汨罗江。后来，为了不让鱼虾咬食屈原的尸身，当地的百姓纷纷用竹筒子盛了米撒到江里。之后，人们又慢慢地将撒米入江改为包粽子投江，划小船改为赛龙船，以此祭奠屈原。久而久之，纪念活动成了一种风俗，这也是今日"端午节"的由来。

# 春申君黄歇智救太子

公元前279年，秦昭襄王派大将白起进攻楚国，占领了楚都城城，直至楚顷襄王割让很大一块土地，白起才肯退兵。好景不长，公元前272年，秦昭襄王又派出白起，并联合韩魏两国，一起攻打楚国。

大军即将压境，楚顷襄王非常害怕，便派出黄歇到秦国去游说秦昭襄王，希望能让秦昭襄王放弃攻打楚国的想法。黄歇到秦国后，不负众望，成功说服了秦昭襄王。回到楚国后，楚顷襄王让黄歇陪同楚国太子熊完一起到秦国做人质。就这样，黄歇和楚太子熊完一待便是十年。

之后，楚顷襄王病重，黄歇听闻后，明白顷襄王活不了多久，便打算带着太子熊完回楚国，继承楚王之位。但黄歇也明白秦昭襄王是不会如此轻易放他们回楚国的。于是，他便去求见了与太子熊完关系不错的范雎，盼着能有一线生机。

黄歇对范雎说："我们太子在秦多年，与您关系颇好，您对我们太子也是礼遇有加。前些日子，有楚国使者来说，如今楚王病重，恐拖不了多久了。所以我希望您跟秦王进言，让我们回楚国去。若将来太子能成为楚王，我们一定知恩图报。可若太子不能回到楚国，而一直待在秦国，之后楚国另立楚王，我们不仅毫无作用，且秦楚两国的关系恐怕也不会好的。放我们回楚国，对秦国来说利大于弊，还请您认真思考一下我的提议。"

范雎思索再三，进宫见了秦昭襄王，并把黄歇的话告诉了秦昭襄王。但秦昭襄王害怕有诈，便只答应先放黄歇回楚国。于是，范雎把秦昭襄王的决定告诉了黄歇。黄歇和太子熊完商议，觉得再在秦国耽误下去，楚国恐怕就要变天了。于是，黄歇提议让太子秘密跟着楚国使者逃回楚国，而他则留在秦国打掩护，好拖延时间。

这天晚上，黄歇把太子偷偷送到了楚国使者暂住的驿站。之后，楚太子被装扮成车夫的样子，驾着马车，与楚国使者一同离开了秦国。楚太子走后，为了掩人耳目，黄歇对外皆称楚太子生病了，一一拒绝了所有的会见。计算着时日，黄歇觉得楚太子已经到达了楚国境内，便决定进宫拜见秦昭襄王。朝堂上，黄歇跪拜秦昭襄王，道："我们太子已经安然回国了，此时秦军前去追击也是无用。我欺骗了大王，自知死罪难逃，还请您杀了我吧。"

秦昭襄王听说楚太子已经逃走，非常气愤："好大的胆子，你竟然敢欺骗我。侍卫何在？快把黄歇拖下去杀了！"一旁的范雎连忙出列，劝谏道："还请大王不要生气，既然楚太子现在已经回到了楚国，您杀了黄歇也于事无补。不如把黄歇也放回去吧。黄歇会感激大王的不杀之恩。再者，黄歇救了楚太子，楚太子得知您未杀黄歇，而是把他放了回去，必然也会对秦国感激不尽。若楚太子成功当了楚王，必然会更加亲近秦国的。"

经过一番深思熟虑，秦昭襄王点了点头，道："你说得很有道理。黄歇你且起来吧，之前的事就此作罢，明日你就安心回楚国吧。"黄歇拜谢道："多谢大王不杀之恩，我回到楚国后，一定会为两国的友好相处竭尽全力的。"

不久，楚顷襄王病死，太子熊完顺利登上了王位，史称楚考烈王。之后，楚考烈王任命黄歇为楚国令尹，还封他为春申君。

# “战神”白起

白起，秦国将领，后世在评价名将时，认为他可居于“战国四大名将”之首。

公元前294年，白起奉命攻打韩国。当时，韩魏两国结盟，共组织了人数达二十四万的联军，共同抵御秦军。伊阙作为韩魏两国的门户，地势十分险要，可谓是易守难攻。于是，白起采用逐个击破之法，先以少量兵马牵制联军主力韩军，然后再集中优势兵力进攻魏军。

由于韩魏两军隔山相望，谁也不愿先作战，而且两军中任何一方受创，另一方难以及时支援。最终，韩魏两军被秦军打得措手不及，损失惨重。经此一战，韩国的精锐之师几乎损失殆尽，而秦国不仅打开了通往中原的大门，还乘胜追击，大败魏国大军。

公元前279年，白起奉命率兵攻打楚国。当时，楚国内部腐败严重。于是，白起意欲趁机长驱直入，给楚国重重一击。他率领秦军沿着汉水东下，直逼鄢城。鄢城作为楚国都城的护卫之城，若失守了，都城将危在旦夕。因此，这里基本集中了楚国的主力军队。

可再坚固的城池也难以挡住滔滔江水的冲击，白起命人在城西修建堤渠，意欲引水灌城，最终城中楚军死伤惨重。之后，秦军一路所向无敌，顺利占领了楚国都城，楚王仓皇而逃。至此，楚国都城成了秦国的一个郡县。

之后，秦赵两国爆发了长平之战，最终以赵帅赵括之死，赵军惨败收场。当时，秦军俘虏了近四十万赵国将士。白起担忧这么庞大的投降人数无力管理，恐发生兵变，于是下令将这四十万将士全部活埋，其中幸免于难者不过百人。

长平之战后，白起本欲乘胜追击，直接攻下邯郸，灭了赵国。谁知，秦相范雎担心白起功高盖主，于是借秦军长期作战需休养生息之名，劝说秦昭襄王接受了求和的请求。自此，二人结下了仇怨。

公元前258年，秦昭襄王还是派兵攻打了邯郸。但此次却遭到了赵国军队的顽强抵抗。一时间，战事不仅陷入僵局，还有失败的可能。就在这时，秦昭襄王想到了白起。当时，白起刚刚病愈，他本就对当年未能乘胜追击一事耿耿于怀，便一直找理由推辞不就。秦昭襄王便让范雎前去说服白起担任统帅。谁知，白起见了范雎，更是坚决推辞。

不久，楚国和魏国的援军赶来救赵，秦军损失惨重。而白起知道此事后，竟然公开数落秦王不听他的话，这才导致秦军连续的失败。战败一事已经让秦昭襄王很生气，再听闻白起之言，更是怒不可遏，便强行下令让他担任统帅。但是，这道命令仍旧对白起没用。

最终，秦昭襄王一气之下罢免了白起的官职。之后，秦军不敌诸国联军，节节败退。白起虽未为帅，却受之牵连，被秦昭襄王定了罪驱逐出了咸阳。白起离开咸阳不久，范雎向秦昭襄王告密，白起离开咸阳时，一直很不服气，留着此人，日后必会引起祸端。本就在气头上的秦昭襄王，听信此言，便派出使者带着宝剑追赶白起，意在赐死。白起接过宝剑，仰天长叹，不解自己为何会落得如此下场。寻思了好久，他突然释然道："我的确是该死啊，想当年，长平之战我坑杀了那么多的降兵，确实该死。"

于是，长剑一挥，一位战神般的人物就这样陨落了。

# 鲁仲连游说辛垣衍

鲁仲连，战国时期齐国人。此人不仅胆识过人，而且才谋出众。

公元前258年，赵国都城邯郸遭到秦军围攻。赵国告急，派人前往魏国求救。魏安釐王因秦国恐吓，对援赵一事一直犹豫未决，魏国救援大军便滞留在了邺城。

当时，魏国将军辛垣衍劝谏魏安釐王尊秦王为帝。在他看来，当今天下，唯有秦国强大，而秦国之所以攻打赵国，不过是为了“天下霸主”这一名号。为了这一虚名，秦国势必会与赵国周旋到底，那时候必然是连年战火，生灵涂炭。既然秦王如此热衷于此名，不如就尊他为帝，如此一来，魏国还能避开一战，岂不美哉？魏安釐王听后，也深以为然。

为达成这一目的，魏王还派出辛垣衍偷偷潜入邯郸，意欲劝说赵王也尊秦王为帝。当时，辛垣衍见到了平原君赵胜，与他说明此番来意。平原君听后，心中也有了一丝摇摆。

恰巧鲁仲连正游历至赵国，听闻此事，便向平原君询问。等到他确定了尊秦王为帝的主意并不是平原君所出，而是魏将辛垣衍的意思，便要求平原君引见。

鲁仲连见到了辛垣衍，首先便直言不讳道：“希望您不要劝说赵王尊秦王为帝。我会劝说魏王救援赵国。”明明赵国已危在旦夕，明明魏王已决心不救赵国，辛垣衍很不解鲁仲连能有何本事，竟会说出如此大话。他对鲁仲连说道：“我就是代表魏国而来，您要说服魏王，不如先说服我吧。”鲁仲连缓缓说道："秦王自恃强大，挑起战争，导致各国生灵涂炭，完全没有仁义之心。若他为帝，天下百姓必然会处于水深火热之中。如此一来，魏国还愿让秦国统治吗？"接着，鲁仲连又以商纣王对待九侯、鄂侯、周文王的历史史实来说明若尊秦王为帝，魏王的后果无非就如九侯他们一般。在他看来，有帝王野心的秦王，他的欲望是无止境的。即使魏国投诚，依然无法真正得到秦王的信任。如此，所谓的安稳日子不过是空话。

鲁仲连晓之以理，动之以情的劝解让原先坚定的辛垣衍也动摇了。经过一番思想斗争后，他最终同意了鲁仲连的提议，不再去劝说赵王派使者尊秦王为帝。与此同时，秦国因魏国派出使者前来讨论尊秦王为帝的事情，而将围攻赵国的事宜放在了一边。结果，令秦王惊讶的是，此事居然在鲁仲连一人的斡旋下成了一场空。

# 吕不韦奇货可居

吕不韦本是一位经常往返于诸侯国之间做生意的商人，但在赵都城邯郸，与秦国质子异人的一次偶遇，彻底改变了他之后的人生走向。

异人是秦国太子安国君的庶子，他的生母夏姬不受安国君宠爱，因此连带着他也不被其父所喜爱。公元前279年，秦赵在渑池会晤。会后，他便被作为质子送往了赵国。不久，秦国单方面撕毁和平之约，两国又爆发了激烈的战争。作为质子的他，在赵国的处境可想而知。

在与异人的来往中，吕不韦发现异人聪慧过人，若不是在赵国当质子，必然会大有作为。于是，他暗暗地在心中盘算了起来。他觉得，像异人这样的人就如同一件与众不同的商品，应该先囤积起来，日后必然能给自己带来巨大的利益。为此，他还特地回家请教了他的父亲。他的父亲说道：“耕田、做生意尚能获得十倍或百倍的利益，若帮助一个人获得王位，其中的利益又有多少呢？”吕不韦听后恍然大悟：“这根本是无法估算的呀！”

后来，吕不韦转而开始在政治上为异人能当上太子铺路。他对异人说：“您乃是秦国太子之子，若我能助您一臂之力，成为秦国日后的君王，如何？”异人听后十分惶恐，连连道：“我的父王共有二十多个子嗣，我当国君岂是如此容易之事，我又不受宠。更何况，我目前还身处赵国。”吕不韦听后，信心满满道：“我自有妙计，您且听我安排就好。”异人虽有犹豫，但见吕不韦如此自信，也就答应了，并许诺若之后能成为秦国国君，必定会对吕不韦大加封赏。

随后，吕不韦便开始四处为异人周旋。他一方面帮助异人广结英雄豪杰，纳为己用；另一方面亲自前往秦国，为异人搭建在秦国的关系网。当时，安国君最宠爱华阳夫人，因其不能生育，安国君久久都未立后继者。吕不韦深知，异人若想在秦国有一席之地，必然需要华阳夫人的帮助。于是，他先是备了重金，前去拜见华阳夫人的姐姐，想要借她之口在华阳夫人面前多为异人美言几句。功夫不负有心人，最终，华阳夫人听从了姐姐的建议，在安国君面前，表示想要认异人为子，安国君答应了她的请求。

公元前257年，秦国再次发兵攻打赵国。赵王勃然大怒，意欲将异人杀之而后快。吕不韦得知消息，立即带着异人逃回了秦国。当时，因华阳夫人乃是楚国人，异人前来拜见她时，特地穿上了楚地的服装。更是为异人更名为子楚。

自此，有了华阳夫人这一靠山，异人在秦国的地位更加稳固。公元前251年，秦昭襄王去世，太子安国君继位，史称秦孝文王。异人也顺利被封为太子。结果秦孝文王继位仅三天就死了，异人继位，史称秦庄襄王。吕不韦因此被封为相国，赐号文信侯。庄襄王死后，其子嬴政继位，吕不韦被尊为“仲父”。嬴政登基时尚且年幼，可以说，吕不韦独揽了秦国大权。

# 嬴政亲政

嬴政即是后来赫赫有名的秦始皇，因其父子楚在赵国做质子，他从出生便在赵国。后来，父亲回了秦国继承王位，即秦庄襄王。而他和母亲则被继续留在了赵国，直至吕不韦花了重金疏通，才将他母子二人接回了秦国。

公元前247年，嬴政继承王位，当时他年仅十三岁，因此朝政大权基本都掌握在国相吕不韦的手中。事实上，嬴政的母亲赵姬，即现在的太后，原是吕不韦的宠姬。正是吕不韦将其献给了嬴政的父亲，才有了他。后来，秦庄襄王过世，秦国大权基本掌握在这二人手中。二人便更加肆无忌惮，恢复了往日情谊。但是，随着嬴政的长大，吕不韦有了些许担忧，害怕因此遭到横祸。

于是，在吕不韦的牵线下，太后与其门客嫪毐相识。当时，为了能把嫪毐送入宫中，吕不韦可谓是下足了功夫，他花了重金打通各个环节，才让嫪毐没受宫刑而完整地入宫服侍太后。太后见了嫪毐也是十分喜爱，不仅赏赐金银财宝，还给他加官晋爵。正是在太后的庇护下，嫪毐成了长信侯，太后甚至还与嫪毐孕有两子。久而久之，嫪毐在宫中已经形成了一股不可忽视的势力。嫪毐的崛起让吕不韦也不得不重视起来。自此，这两个政治集团在秦国朝堂上钩心斗角，拉帮结派。

公元前239年，按照秦律，二十一岁的嬴政即将亲政。当时，以吕不韦和嫪毐为首的这两股势力，虽然在朝堂上相互制衡，但他们也时刻影响着嬴政，尚未掌权的嬴政只能默默忍受二人在朝堂的嚣张跋扈。

公元前238年，嬴政前往旧都雍城，进行加冠之礼。当时，嫪毐在与一位大臣饮酒对弈时发生了口角。嫪毐十分生气，竟然口出狂言道："我是秦王的假父，你竟然敢对我如此不敬。"事实上，随着嫪毐势力的扩大，他一直希望扶植自己的儿子继承王位。他也自知与太后的私情以及自己的谋划，嬴政都看在眼里。为了避免嬴政先发制人，他伪造了玉玺，在咸阳城内发动了政变。谁知道，嬴政早有警觉，立即派人进行镇压。最终，嫪毐及其党羽惨败逃亡。嬴政不仅连诛了嫪毐三族，还将嫪毐与太后的私生子也一并斩草除根。

由于嫪毐是吕不韦送给太后的，因此对嫪毐的肃清也波及了吕不韦。但是由于吕不韦功绩卓著，嬴政考虑自己的根基尚不稳定，便未趁机将吕不韦的势力也一网打尽。直至公元前237年，嬴政基本掌握了国家大权。他先是罢免了吕不韦的相位，然后将他迁至洛阳。但吕不韦居于洛阳时并不安分。各诸侯都城曾派人与之联系。嬴政得知此消息后，十分惊讶与生气。为了防止吕不韦叛秦另投他国，嬴政亲自写了一封信，派人送给了他。信中，写满了嬴政对吕不韦的不满与轻视。吕不韦看完后，自知嬴政不会轻易放过自己。于是，他主动服毒自尽了。

就这样，仅仅用了三年时间，嬴政就相继铲除了嫪毐和吕不韦在秦的势力，成功地掌控了秦国政权。

# 甘罗拜相

甘罗是战国时期秦国丞相甘茂的孙子，年仅十二岁，就被秦王封为上卿，堪称千古第一人。

当时，秦王嬴政想通过远交近攻的计策达到吞并六国的目的。于是，他派出使者游说燕国。经过多年努力，才让燕国成了秦国的附属国。之后，他又打算派出张唐出任燕国相位，为日后利用燕国达到夹击赵国的目的。

张唐要前往燕国，势必要经过赵国。奈何，他曾率秦军讨伐过赵国。赵王视他为死敌，有如此好的捉拿机会，自然是不能轻易放过的。因此，张唐一直犹豫不决，不敢前去。吕不韦见状，很是不满。甘罗此时便主动请缨，欲劝说张唐，促成此行。当时，甘罗因祖父甘茂在朝廷中屡受排挤，不得已投奔到吕不韦门下。

年仅十二岁的他，如此豪言，让吕不韦不敢深信。奈何，经不住甘罗的据理力争，吕不韦才松口，让他试一试。甘罗借白起与范雎的故事，说道："当年白起不敢出征战国，最后被范雎逐出咸阳，死在了杜邮。若您现在拒绝，后果恐怕也会如此啊。"张唐一边听着，一边陷入了沉思。为了保全性命，他终是答应了前往燕国。

之后，甘罗又向吕不韦请缨，前往赵国游说。于是，甘罗带着一众人马来到了赵国邯郸。赵悼襄王听闻秦国派使者来访，便亲自迎接。谁知，从马车上下来的却是一个年纪轻轻的小孩。

赵王根本没有把甘罗放在眼中，深以为秦国是无人了，才会派出一个孩子前来。哪知道，经过一番激烈的论战后，他对甘罗佩服不已。当时，甘罗告知赵王，秦燕二国有结好之象，燕国派太子丹前往秦国为质子，秦国又派出张唐前往燕国为相，而赵国夹在中间，后果不堪设想啊。赵王也以为大事不妙，向甘罗问计。甘罗说：“秦国之所以与燕国结好，不过是为了河间之地，若赵王愿意将这一带送给秦国，我回去必为赵王周旋，让秦王放回太子丹，如此秦国与燕国的结盟必然会受到阻碍。到那时，赵王再发兵燕国，所取之地又岂止河间之地啊。”赵王听后，深以为然。不仅将河间之地送给了秦国，还送了重金给甘罗。就这样，甘罗此行满载而归。后来，赵国攻打燕国，也满载而归，又送了十多座城池给秦国。

秦国不费一兵一卒，就得了那么多城池，秦王对甘罗更是刮目相看，破例任命他为上卿，还把当年他祖父甘茂的封地也赐给了他。

# 李斯谏逐客书

李斯，战国时期楚国人。为了能够实现自己的人生理想，公元前247年，他从楚国来到秦国，做了吕不韦的门客。吕不韦见他才学出众，便将他推荐给了秦王。于是，李斯被拜为客卿。

可恰恰就在此时，秦国内部发生了一场逐客风波。当时，秦国正在讨伐韩国，韩国不敌秦师，于是生出一个“疲秦”的计策。他们派出一位水利专家来到秦国，极力向秦王鼓吹兴修水利工程的好处，想要通过如此浩大的工程建造来损耗秦国的国力，以达到曲线救国的目的。结果此计败露，秦国内部一阵哗然，纷纷陷入对重用外来人才的恐惧中。一些宗亲大臣也纷纷趁机上书劝谏，希望秦王将那些外来人口统统驱逐出境，以防止间谍危害秦国。正是由于此场风波，秦王后怕，于是在全国颁布了逐客令，将凡在秦地的其他六国之人一律驱逐出境。

而来自楚国的李斯也在此次的驱逐名单内。他不甘心自己的政治生涯就此结束，便连夜写了一篇《谏逐客书》，让人交给秦王，劝说秦王收回驱逐的诏令。其中，他借助对秦国往昔重用外来人才，日益变得强大、富裕历史的例子，劝说秦王嬴政，而今颁布的驱逐诏令是何等的不明智，简直是有百害而无一利的。

当年，秦穆公时期，重用由余、百里奚、蹇叔、丕豹等人，连续歼灭了诸多小国，达到了称霸西戎的局势；秦孝公时期，重用商鞅，实行变法，让秦国日益富强；秦惠王时期，重用张仪，一招连横计策，瓦解了六国的合纵计划，让秦国一跃独占鳌头，至今无人能媲美；秦昭襄王时期，重用范雎，不仅废除了穰侯，远交近攻的策略也让秦国的实力越来越稳固。何故如今要驱逐这些外来的人才呢？这种削弱自己的做法，势必会让秦国陷入危机。李斯对天下局势以及驱逐诏令利弊的分析，让秦王恍然大悟。秦王悔不当初，立即派人召回李斯，予以重用，还下令废除了之前的驱逐诏令。

可以说李斯的《谏逐客书》不仅说服了秦王，让自己重回秦国得到重用，还为此后秦国源源不断的人才输入打下了基础。当然，李斯被重用，也为之后秦国兼并六国，一统天下拉开了帷幕。

## 赵将李牧

李牧是战国末期赵国名将。后世将他与廉颇、白起、王翦并称“战国四大名将”。

在那个战火纷飞的时代，李牧成功击退了匈奴，抵御住了秦国的进攻，守卫住了赵国的边境线。当时，赵国北部经常遭到匈奴的骚扰。于是，赵孝成王便派李牧率兵戍守。他一方面积极备战，督促将领们勤练骑射；另一方面派人日夜监守烽火台，随时汇报匈奴的动态。

同时，严禁将领在匈奴来犯时，私自出城作战，只允许严守以待。李牧的避战让匈奴人十分得意，认为赵军是怕了他们。就连赵军内部也传出来自我怀疑的声音。赵孝成王得知后，在斥责无果的情况下，召回了李牧，改派其他将领前去接任李牧一职。

诚然，新帅上任后，立即废除了李牧的应敌之策，开始积极主动地寻求与匈奴作战。谁知，多场战争下来，赵军损失惨重。这时，赵孝成王才恍然大悟，决心重新任用李牧。

由于匈奴轻视李牧，中了李牧的计，最终大败而逃。当时，李牧仍旧采用避守政策，将士们一个个都情绪高昂，渴望应战。李牧先是让百姓明目张胆的出城放牧，然后安排了精兵良将在四周等待。匈奴人没抵得住诱惑，最终中了埋伏。李牧的主动作战引起了匈奴单于的兴趣。在匈奴单于眼中，李牧是懦弱无能的，赵军是不堪一击的，于是便派出了匈奴主力军队，想要一举歼灭李牧所率的赵军。谁知，李牧以夹击之势，包围了匈奴大军。最终大败匈奴军队。之后，更是一路乘胜追击，成功维护了赵国北部的稳定。匈奴近十多年不敢再侵犯赵国。

其次是抵御秦国的进攻。公元前234年，秦国大将桓齮率军进攻赵国。赵军不敌，于是赵王将李牧从边境调回，以其为将，抵御秦军。当时在肥之地，桓齮以重兵引诱赵军出城作战，谁知李牧却转而进攻了秦军薄弱的驻扎地。秦军措手不及，应顾不暇，最终大营被占，秦军惨败。肥之战后，秦军遭受重大打击，赵国得了喘息之机。李牧也因此被封为武安君，深受重用。

公元前232年，秦王嬴政又发动了对赵的作战。他以王翦为帅，兵分两路进攻赵国。一路欲过漳水向赵国都城邯郸前行；一路由王翦亲率大军进攻赵国番吾。由于邯郸有漳水和长城这两个屏障加持，所以李牧便采用“南守北攻”的策略迎战秦军，他先是在番吾痛击了王翦之军，然后转而立即回邯郸，与邯郸守军夹击大败另一路秦国大军。

虽然肥之战和番吾之战，赵都城抵抗住了秦国的进攻，在一定程度上重创了秦国，但实际上，相对于蒸蒸日上的秦国，赵国的损失更为严重。

后来，秦国使用反间计，让赵王迁自毁长城，杀死了李牧。当时，王翦派人携带重金贿赂了大臣郭开。于是，郭开四处散布谣言，称李牧将要背叛赵国。谁知，赵王还真信了这话，发出旨意要革了李牧的将职。然而，秦国虎视眈眈，为了赵国，李牧不愿在此时交出军权。李牧的举动更加引起了赵王的疑心和杀心。不久，李牧便被活捉，处死了。

作为战国末年唯一能抗衡秦国的将领，李牧的死也让赵国再也无力抵抗秦国之师。

# 荆轲刺秦王

荆轲，卫国人。卫国被灭后，他四处游历，最后辗转来到了燕国。在燕国，他与高渐离结识，并成为好友。

荆轲善于击剑。当时，秦国四处征讨，所向披靡。秦王嬴政也一直想灭掉六国，一统天下。弱小的燕国根本无法与强大的秦国相对抗，数座城池被占，就连燕国太子丹也曾被迫入秦为质子。眼见秦国日益强盛，好不容易归国的太子丹，对秦国可谓是恨之入骨。于是，他决定不惜重金，寻找一位刺客，前往秦国刺杀嬴政。后来，经人推荐，太子丹认识了荆轲。太子丹对荆轲可谓是恩宠有佳，封官、赏赐那是络绎不绝。为报答太子丹的这份恩情，荆轲最终答应前往秦国，刺杀秦王。

为了刺杀秦王一事，荆轲与太子丹开始商议。在荆轲看来，秦王不是那么容易近身的，若想要接近他，必须让他看到燕国的诚意。太子丹追问方法，荆轲接着说道："若给秦王备上他一直心心念念的礼物，必然会得到他的接见。"当时，秦王一直对燕国的督亢之地垂涎不已，因为那里土地十分肥沃。太子丹没有犹豫，立即恩准了。之后，荆轲又说："当年，秦将樊於期逃至燕国，被您收留。秦王曾以重金悬赏，要他的人头。"荆轲还未说完，太子丹便明白了他的意思，连忙表示："献上燕国之地，这是没问题的，但是樊於期将军如此信任我，我怎可背信弃义呢？"荆轲知道无法说服太子丹，便私下去见了樊於期。荆轲与樊於期说明了来意，樊於期听后没有丝毫犹豫，便答应了，最终荆轲得了他的人头。之后，太子丹又为荆轲找来了一把十分锋利的匕首，并且安排了另一位勇士秦舞阳相助他。

公元前227年秋，荆轲与秦舞阳前往咸阳。当时，太子丹与少量知情的宾客身着素衣，在易水河边为他们送行。这时，好友高渐离击起了筑。慢慢的，一曲“风萧萧兮易水寒，壮士一去兮不复还”从荆轲口中唱出，凄凉而又悲壮的歌声在这易水边回响，在场的人无不掩面流泪。曲罢，太子丹将斟满的酒杯递与荆轲。荆轲接过，一饮而尽。无言其他，荆轲立即上了马车，向秦国驶去。

荆轲到达咸阳后，立即前去拜见了秦王嬴政。嬴政知道，荆轲此行不仅带了他所痛恨的樊於期的人头，还有他一直心心念念的督亢地图，很是高兴。于是，嬴政也给足了荆轲或者说燕国面子，以盛大的礼节接待了荆轲与秦舞阳。

当时，荆轲手捧装有樊於期项上人头的锦盒，秦舞阳手持着要献给秦王的城池的地图，进入了王宫。当时咸阳宫气势恢宏，守备森严。秦舞阳从没见过这么大阵仗，有些许的怯场，不由得发起抖来。这让秦国士兵产生了些许疑惑。为了安全起见，也为了避免秦舞阳露出破绽，最终由荆轲一人捧着锦盒和地图去见了秦王。

只见，盒子慢慢地被打开，里面果然装的是樊於期的人头。秦王看了一眼，露出了满意的微笑。之后，荆轲又献上了地图。荆轲也慢慢地展开地图，边展开边指着地图向秦王解释所献之城的情况。秦王听后十分得意，不由想凑近了观看。就在这时，地图已经展开完毕，藏在里面的匕首露了出来。荆轲拿起匕首向秦王刺去，秦王顿时吓了一跳，想要逃跑，荆轲趁机抓住了秦王的衣袖。秦王用力挣扎，扯断了被荆轲抓住的衣袖，慌张逃窜。荆轲手握匕首，紧跟其后。二人围绕着大殿的铜柱，一个紧追，一个躲闪，陷入了僵持。

就在这紧急关头，秦王的御医夏无且突然向荆轲砸了一个随身携带的药袋子，荆轲被砸中，一时间停了下来。嬴政见状趁机拔出腰间的宝剑，挥剑向荆轲砍去。荆轲被剑伤了左腿，跌倒在地。他立即瞄准秦王，将手中的匕首掷了过去，但却被秦王闪避开了，那匕首也只是击中了铜柱。眼看荆轲受了伤，没了武器，秦王拿着宝剑又往荆轲刺了过去。之后，那些秦国士兵蜂拥而上，刺死了荆轲。而在外面候旨的秦舞阳也没能幸免于难。最终，荆轲刺秦王以失败告终。

此事之后，嬴政大怒，下令增加伐燕的兵力，大举进攻燕国。公元前222年，燕国被灭。

## 吞韩灭赵

公元前238年，秦王嬴政顺利铲除了嫪毐和吕不韦势力，开始总揽大权。之后，他便开始筹划一统六国。

事实上，秦国第一个进攻对象便是赵国。奈何公元前232年，在讨伐赵国的过程中，遭到了赵将李牧的严防死守，结果秦军大败而归。

公元前231年，恰逢韩国南阳一地的官员腾被秦国成功策反，并被任命为京师内史。于是第二年，嬴政以对韩国较为熟知的腾为将，发兵韩国。最后，秦国一举占领了韩都城城新郑，还成功俘虏了韩王安。之后，秦军乘胜追击，一举灭了韩国，并在韩国设立郡县管辖，韩国成了第一个被秦国灭亡的国家。

赵国在赵武灵王的胡服骑射改革后，变得繁盛起来，国力日渐强大。它也是当时仅有的、能与秦国相抗衡的国家。但赵武灵王逝世后，赵国开始一步步走向衰落。一方面是来自秦国的多次进攻；另一方面则是赵王迁听信谗言，对一众忠臣老将各种猜忌，如李牧、廉颇等。当时，秦赵两军正在交战。赵王迁听信了谣言，认为李牧、司马尚等人有叛国之心。于是，他便下令罢免了二人的将职，同时派赵葱、颜聚二人前去接替相应职务。赵葱根本不是秦将王翦的对手。王翦率秦军大败赵军，杀死了赵葱，活捉了颜聚。而邯郸城内，大臣郭开早已被秦国收买，他多次劝说赵王迁投降。不久，赵王打开城门，向秦国投降，赵国都城邯郸就这样被攻破。

后来，赵公子嘉逃亡至代地，在宗室大臣的推举下，继任赵王位。到了公元前222年，赵国这支这仅有的残余势力也被秦国所灭。

## 王翦灭楚

当时，全国只剩下齐、楚两个大国，燕国弱小，并未在秦王嬴政的考量范围内，他把兵锋率先指向了南方的楚国。嬴政想要攻打楚国，虽然在主帅的人选上一直犹豫不决，但内心还是比较认可李信的。李信当年在攻燕之战中，只率领了数千名将士，就生擒了燕王。这让嬴政对他十分刮目相看。于是，他问李信，要灭楚国，需要多少兵力。李信自信地答道："二十万即可。"之后，嬴政又问了王翦相同的问题。王翦觉得需要六十万。对比二人的回答，嬴政自认为王翦老矣，已经没有以前的风范了。于是，嬴政没有启用王翦，而是任命李信为主帅，联合蒙恬等将士统帅二十万秦军，南下伐楚。

当时，李信率军入楚，采用兵分两路的策略，一路由自己亲自率领，进攻楚国平舆，另一路由蒙恬率军攻打楚国寝地。在与楚国的初次交锋中，秦国大获全胜，于是李信率军与蒙恬那一路大军会合。

此时，楚国初败后，楚王派出项燕率军抵御秦军。项燕采用以逸待劳的策略，一开始坚守不战，等到秦军因长途跋涉疲软之际，突然发动攻击。结果，秦军大败，损失惨重。李信不得不率军撤退。

得知李信攻楚失败，秦王十分生气，也恨自己未听王翦的话，便亲自召见了王翦，想要让他为帅，攻打楚国。一开始，王翦称病婉拒。之后，嬴政许诺给他率领六十万的大军攻楚，他才同意。

当时，为了鼓舞士气，嬴政亲自送大军至灞上。王翦趁着嬴政有求于自己的这一时机，便请求秦王赏赐丰厚的田宅。嬴政言道："若将军打了胜仗，还用担心得不到丰厚的赏赐吗？”王翦回道：“臣想趁着大王还用得着自己的时候，为自己的后代留一点财富。”嬴政听了王翦的话十分满意。原来，王翦自知秦王嬴政此人生性多疑，不会轻易相信别人。若让秦王知道他只有私心，而没有政治上的野心，必然会安心把秦国大军交给他。

鉴于李信兵败的教训，为了避免长途跋涉的疲惫，在到达平舆后，王翦便下令就地休养生息，修筑堡垒，随时作战。楚将项燕本打算仍旧采用之前打败李信的计策，以逸待劳。但楚王见两军迟迟不战，多次派人要求项燕出战。无奈，项燕只得率军进攻秦军。楚军多次挑衅，秦军始终不出。

当时，秦军大营十分放松，终日吃喝玩乐。项燕见秦军不应战，只得无奈率军向东撤退。谁知，王翦趁着楚军退兵之际，率军出击。楚军还未反应过来，一时间陷入混乱，大败而逃。秦军追至蕲地，主将项燕战死。楚军失去统帅，于是不能再战，四散溃逃。秦军侵占了许多楚国的土地，将改为楚郡。

公元223年，楚王负刍被俘，楚国宣告灭亡。

# 王贲灭齐

王贲，秦国名将，其父是秦国名将王翦，他曾先后参与了秦国对楚国、魏国、燕国、齐国的作战。

公元前222年，秦王嬴政以王贲为统帅，远征辽东，一方面是为了乘胜追击，铲除燕国的残余力量；另一方面也是为了顺势南下，征讨齐国。当时，秦将王翦灭楚后，山东六国，只剩下齐、燕两国还尚在。齐国本身地处最东部，与秦国之间又相隔着韩、赵、魏三国，因此一直相安无事，未被秦国侵扰。

无奈，齐王建昏庸，对齐君王后唯命是从。齐君王后是一个典型的亲秦派，她常常劝谏齐王不要干涉秦国征战其他国。除此之外，一些齐国大臣也被秦国收买，甚至连齐国相国也不例外。当时，后胜被任命为齐国相位，他收受秦国贿赂，说服齐王与秦交好，不对秦国做军事防御。因此，在秦国吞并其他五国时，齐国一直闭关自守，默不作声。如今，齐王见到五国相继被灭，才意识到危机。但是，由于齐国前期对秦国的放任不管导致他们完全不知道秦军所在，只能依据秦国位于西边，就将所有的兵力全都集中在齐国的西部守军。

公元前221年，秦王命令王贲率军从燕国南部进攻齐国。秦军没有受到齐军的反抗，轻松进入齐地，甚至一路长驱直入，到达了齐都城城临淄。齐王见大势已去，根本无意抵抗，在秦王嬴政派宾客陈驰许诺给他五百里封地后，便欣然投降，打开了临淄城门。后来，秦王将齐王流放到边远的共地，齐王最终被活活饿死。据说，当年齐王居住的地方在松树、柏树之间，齐国人还做了一首松柏之歌讽刺他。

# 诸子百家 大放异彩

# 孔子周游列国

孔子，春秋末期的思想家、教育家，也是儒家学派的创始人。

公元前499年，孔子成为鲁国宰相。他一心以德政辅佐鲁国国君，在他的努力下，鲁国政治清明，国力增强。然而这一切使邻国齐国非常不安。齐景公早就听闻孔子才能非凡，他十分不想鲁国强大起来，于是采用离间计，让孔子和鲁国贵族之间产生嫌隙。鲁国国君果然开始冷落孔子，不受重用的孔子失望了，他辞去官职，在公元前497年这一年，带弟子离开了鲁国，开始了在列国周游的旅程，并且宣传自己的政治主张。

孔子到达的第一个国家是卫国。虽然卫国的国君卫灵公对孔子非常友好，但他并不接受孔子的学说，于是，孔子黯然神伤，离开了卫国。离开卫国后，孔子和他的学生们遭遇到了许多危险，还差一点因此丢掉性命。当时，孔子和学生们走散了，他一个人来到郑国，站在城门口等待他的学生们。

他的学生们四处寻找孔子，正好也来到了郑国。他们逢人便问，有人说："东门外有一个人，两腮长得像是尧帝，脖子长得像是皋陶，肩膀长得像子产，腰以下的身体长得像大禹。但是整个人看起来就像是一条丧家犬。"学生们赶紧来到东门，果然找到了孔子。学生子贡把提供线索的人的话，说与孔子听，孔子听后，苦笑道："是啊，是啊，我真是像一只无家可归的狗。"

离开郑国后，孔子带着学生们来到了陈国。恰巧，陈国正处战乱中，孔子只得率众离开。当时，楚昭王派人来请孔子，于是孔子打算前往楚国。可作为楚国邻国的陈国、蔡国害怕在孔子的辅佐下，楚国日益强大，就在陈、蔡交界处追到了孔子一行人，并团团将其围住。被围困多日的孔子一行人，渐渐地米尽粮绝。但就在这样恶劣的环境下，孔子还不忘给学生讲课。学生子路很生气，他对孔子说："君子也有走投无路的时候吗？"孔子回道："君子固然有走投无路之时，但不像小人那样在窘困之时无所适从。"后来，在楚兵的相救下，孔子一行人才得以脱困。

孔子到达楚国后，原以为会被重用，但由于楚国一些大臣极力反对，楚昭王为缓解君臣矛盾也只得就此作罢。不久楚昭王去世，卫灵公的孙子卫出公请孔子回到了卫国，却仍没有重用他。

孔子周游列国十四年来，一共见过七十多位国君，虽然他的学说没有得到任何一位国君的接受，但他的名声却因此传遍了天下，很多人开始称呼他为"圣人"。天下各个诸侯国的人，都前来拜孔子为师，他的学生有三千多人，其中出名、有德行的一共有七十二人。

此外，在孔子出现以前，普通百姓是没有资格与机会读书学习的，因为当时的学校都是官府创办的，只有贵族的孩子才能读书，是孔子第一个在民间开办了学校，让平民百姓的孩子可以像贵族孩子一样读书学习，是孔子把知识从贵族那里带到了民间。

# 韩非子

韩非，战国时期韩国贵族，韩非子或韩子是后世人对他的尊称。他本是儒家学派代表人物荀子的门下，但是他本人并没有承继儒家学派的思想，反而更喜欢刑法、术法之学。因此，后来他成了法家学派的代表人物之一。

战国时，七国之中韩国势力最弱。韩非子曾经多次劝谏韩王，应该通过改革达到富国强兵的目的。但是，他的建议一直都未被韩王所采纳。因此，仕途的不得志让他开始转向从历史进程中去寻求富国强兵的方法，然后写成著作，就这样，他先后共写了多篇文章，如《孤愤》《五蠹》《内外储》《说林》《说难》等。

事实上，韩非子的思想理论主要立足于统治者的立场，是为君主所服务的。因此，这恰恰符合了当时维护、巩固政权的需要。首先，他第一次将之前法家代表人物的思想进行了融合，即将商鞅之法、申不害之术与慎到之势进行了统一，可谓是法家学派的集大成者。其次，他第一次明确提出了“法不阿贵”的思想。在他看来，不管是官吏，或是平民，法是所有人都必须遵守的。惩罚、厚赏也必须一视同仁。

后来，韩非子的这些著作流传到了秦国。秦王嬴政看了这些著作后，认为韩非子是不可多得的人才，应该要收为己用。嬴政对韩非子的赏识和重视超乎想象，他甚至发兵韩国去抢人。就这样，一直未被重用的韩非子也因此被派出使秦国，负责斡旋，请求秦国退兵。嬴政一见到韩非子，立即表达了欣赏之情，并且希望他能留在秦国。李斯见状，很是忧虑，害怕自己在秦国的地位受到威胁。于是，他便常在嬴政面前对韩非子大加诽谤。此外，也因韩非子的韩国公子身份，嬴政对他也抱有一定疑虑。

公元前233年，韩非子建议秦王嬴政先攻赵国，再攻韩国。这个建议本是利秦之策，但却偏偏成了李斯等人诬陷他的口实。在李斯等人看来，韩非子作为韩国公子，怎么会为了秦国而陷韩国于危险之境呢。于是，他们联名上书，建议秦王若不能放心重用，就立即处死他，不然，放虎归山，日后必成大患。秦王嬴政闻言，也认为有些道理，便派人抓捕了韩非子，查证此事。谁知，李斯已经借机毒死了韩非子。

# 孟子

孟子，名轲，字子舆，儒家学派代表人物之一，被后世尊称为“亚圣”。

他自幼父亲早逝，与母亲相依为命。为了给他营造一个良好的成长氛围，孟母曾三次搬家，这也成为一时佳话。当时，孟子家的附近有一座坟场。年幼的孟子和周围的小孩子看多了送葬的场景，就有样学样，模仿着那些人跪拜、哭泣。孟母见此景十分担忧，认为这里不适合孩子的成长。于是，带着孟子把家搬到了市集边上。在那里，孟子看到商人做买卖的场景，又和周围的小孩子学起了商贩们招待人和说价时的样子。孟母见此，再次陷入担忧中。于是，她又一次带着孟子将家搬到了学堂附近。在这里，孟子开始变得勤奋好学起来，原先调皮的他开始遵守秩序，懂得礼貌。这一次，孟母见儿子的转变，十分满意，便安心地将家安置在了这里。

作为儒家学派的代表人物之一，孟子十分尊崇孔子。首先，他继承并发展了孔子的“仁”的思想，提出了“仁政”思想。其次，他认为人性本善，提出“性善论”的主张，认为人人都有“恻隐之心”“羞恶之心”“辞让之心”以及“是非之心”。但事实上，“仁政”思想并不是孟子所追求的最高的理想境界，“王道”思想才是其中最本质、最核心的内涵。在孟子看来，统治者首先要让广大人民都“有恒产”，这样才能保证人民安居乐业；其次要注重休养生息，要慎用刑罚，不能随意侵占农时；再者是要对人民施以教化，让他们能彼此和睦、友善。

后来，孟子周游列国，向各国君主宣传自己的“仁政”“王道”思想。

无奈，战国时期，诸侯国之间战争频繁，儒家思想根本不适合当时的世情。因此，他的主张没有得到任何一国的青睐。长期的游说，一直苦无结果，晚年孟子回到了自己的家乡，在那里传道授业，与弟子们一起，将自己的思想著书立说，最终成就了《孟子》一书。

此外，孟子也效仿孔子，广收弟子，开办私学，宣传自己的思想理论。他十分注重对人才的培养，特别讲究因材施教，希望学生自己勤动脑、勤思考。在学习时，要专心致志，不要半途而废。

总而言之，孟子对儒家学说的继承与发展，影响十分深远，他的地位也仅次于孔子。宋代以后，孔子和孟子的思想更是被合称为“孔孟之道”。

# 庄 子

庄子，名周，战国时期宋国人。他是道家思想的集大成者，其思想集中体现在《庄子》一书中，在我国文艺领域影响深远。

庄子一生都很淡泊名利，虽然曾为蒙漆园吏，但在任时间并不久。一直以来，虽然他都过着贫苦的生活，但依然视权力、金钱为粪土。当年，楚威王得知庄子名声在外，曾派使者携带重金拜访他，想要邀请他出任楚国令尹，却被他果断拒绝。他极力抨击社会权势，并发出“圣人不死，大盗不止”“窃钩者诛，窃国者为诸侯”这样的言论。

在哲学思想上，他继承并发展了老子的“道法自然”理论，认为“道”客观而真实地存在，“道”是宇宙万物的本源。他强调“天地与我并生，万物与我为一”，要人们去掉一切是非之心，进入物我两忘的逍遥境界。他追求绝对的自由，一切都率性而为，想要做到“无功”“无名”“无己”的境界。

《庄子》又称《南华经》，是庄子思想的集中体现。此书共五十二篇，今仅存三十三篇，其中《内篇》七篇，《外篇》十五篇，《杂篇》十一篇。一般认为，《内篇》七篇为庄子自著，而《外篇》《杂篇》则是其后学所撰。在书中，他用寓言故事表达思想和阐发道理，用丰富的想象进行文章构思。他把所有无声、无形、变化、生、死、神明以及许多说不明、道不清的万事万物都囊括其中，让我们在不着边际的文辞中，感受着文章的浪漫主义色彩和浓浓的诗意。

# 墨 子

墨子，名翟。他是墨家学派的创立者。

在诸子百家中，墨家是最为严谨的一家。墨家的首领被称为“巨子”。墨子极力反对战争，不管何种形式，尤其是侵略战争。为此，墨子及其弟子经常游走在诸侯之间，企图说服他们停止发动战争。

公元前445年，楚国为扩张势力范围，意欲攻打宋国。当时，工匠鲁班为了此次战役特地制造出了攻城之用的云梯。墨子知道后，日夜兼程赶到楚国，想要说服楚王放弃攻打宋国。但楚国早已为战争准备多年，怎么会就这样放弃呢？于是，墨子便提议演练一下这场楚宋之战。

鲁班和墨子各代表一方，开始了演习。鲁班依次用所制造的武器——云梯、巨弩等，发动了进攻，结果却被墨子一一防御了下来。直至鲁班的攻城武器用尽，墨子的守城计策还绰绰有余。随后，墨子扬言，已派弟子将这些防御之策教给了宋国。若楚国执意出兵，必然得不偿失。楚王见状若有所思，最终还是放弃了攻打宋国。就这样，墨子凭借一己之力成功阻止了一场侵略战争。

《墨子》一书由墨子及其弟子编著而成，共有七十一篇，今存五十三篇，集中展现了墨子的思想主张，即以“兼爱”“非攻”为核心的思想主张。“非攻”就是要兼爱天下，不使用武力征服对方。“兼爱”则是要以一颗仁爱之心对待他人。

墨子对儒家所提倡的礼乐也是反对的。在他看来，那些烦琐的仪式多是劳民伤财的，因此他主张“节用”“非乐”。在政治思想上，他主张“尚贤”“尚同”。“尚贤”，即不因贫富等级差别对待，要任贤举能；“尚贤”则是要求统一人们的思想，这其中暗含了一种平等的意味。而在修身养性上，墨子主张要能吃苦耐劳，有一种修行的态度。因此，其弟子多是朴素、坚忍的。

总之，相较于其他学说流派，墨子的思想更多反映的是社会底层人民的利益。

# 郑国渠

郑国渠，是一个名叫郑国的韩国人在秦国兴建的水利工程。

公元前247年，秦庄襄王去世，年幼的嬴政继位。这一时期，秦国加速了对外扩张的攻势，东方六国无不战战兢兢。这其中，以国力最弱的韩国最为担忧。眼看随时都有灭国的危险，韩惠王想到一条绝佳的计策。

当时，秦国为了对外扩张的储备需要，急需提升粮食产量，由此水利工程就成了不得不考虑的问题。为了迎合秦国的这一需求，韩惠王将郑国派往秦国兴修水利，实则是为了借修水利工程消耗秦国的国力。如此一来，秦国必然要放缓对外扩张的步伐，韩国也得以有喘息的机会。

郑国来到了秦国，立即上书向秦王提出了兴修水利工程的建议。当时，因为嬴政年幼，国相吕不韦掌管着朝政大权。实际上，吕不韦早就想在这关中之地修建水利，以丰秦之粮仓，因此，对郑国的建议他也十分赞同。

不久，秦王任命郑国全权负责水利工程的修建。虽然郑国来秦的目的在于消耗秦国国力，但是他对水利工程的修建却是十分认真的。在工程的前期，他不仅对地形做了实地的勘测，而且走访了许多当地的百姓询问情况。在拥有了这些第一手资料的情况下，才开始了他的工程计划。

后来，这条水利工程的进度持续拉长，前前后后调动的人超过十万，至公元前237年，已是第十个年头了。许多秦国人对水利工程的修建产生了怀疑。他们认为，这是一场政治阴谋。于是，秦国内部一阵哗然，陷入了恐慌之中。一些秦国宗亲大臣也纷纷趁机上书劝谏，希望秦王将那些外来人口统统驱逐出境，以防止间谍危害秦国。秦王于是在全国颁布了逐客令。

当时，郑国知道难逃一死，于是向秦王辩解道："虽然我来秦国的初衷是为了消耗秦国国力，但是这些年修建水利也是尽心尽力，而且它的竣工必然对秦国是百利而无一害的。若您现在处死我，工程必然要荒废，即使有后继者，也必然是没有我清楚的。"秦王思考了很久，也认同此刻放弃，得不偿失。最终，郑国得以保全性命，继续修建水利工程。

公元前236年，郑国主持的水利工程终于竣工。从此，原先关中干旱缺雨的局面得到了解决，那些贫瘠的土地，在水的灌溉下成了肥沃的土地，关中之地也再无荒年。后来在给这个水利工程命名时，秦国人感恩郑国的贡献，将它命名为"郑国渠"。

## 吕不韦和《吕氏春秋》

《吕氏春秋》是由吕不韦在秦国任相时，组织其门客所编纂的。当时，吕不韦广揽三千门客，为了让他们各显其能，便组织他们将所见所闻所感都写下来。于是，一本二十余万字的巨著就这样集结而成了。因是吕不韦的门客所写，所以题名为《吕氏春秋》。

《吕氏春秋》集各家之精华，成一家之思想，兼有儒、道、墨、法、兵、农、纵横、阴阳家等各家思想，所以《汉书》将其列入杂家。虽然此书在内容上较为庞杂，但在组织上却是十分有章法的，共分十二纪、八览、六论，共二十六卷，一百六十篇。

当时，吕不韦为了宣传此书，还命人将书誊抄下来，张贴在城门上。他对来往的百姓说道："若有人能对此书进行改动，但凡改动一个字，我就立即赏赐他千金。"消息一出，天下世人皆云集而来，对着此书认真研读，可却没有一人提出对文字的改动。事实上，吕不韦此时在秦国的地位十分显赫，人们也不敢贸然对他的书评头论足。

《吕氏春秋》不仅含有大量的史实和传说，还有许多富有哲理的寓言故事。可以说，此书是对先秦思想的总结，具有很高的史料价值。

# 稷下学宫

稷下学宫，是战国时期位于齐国的一所著名学府。所谓“稷下”实则是地名，即齐国都城临淄的稷门附近。当时，齐国君主在这里设立了这所学宫，因此学宫被冠上了“稷下学宫”之名。

稷下学宫始建于齐桓公当政时期，在齐宣王、齐湣王统治时期达到鼎盛阶段，齐湣王统治后期开始走向衰落，后因燕将乐毅伐齐停办。齐襄王统治时期虽有小规模的复兴，但早已不复当年辉煌，直至秦国灭齐，最终关闭。由此可见，稷下学宫的创立与兴衰，基本上与齐国政权的兴亡相统一，齐国国势强大时，它也鼎盛；齐国国势衰退时，它也随之衰落。

齐国为了变法图强，需要源源不断的人才供给。如此一来，能够招贤纳士、网罗群英的稷下学宫的诞生就有了某种必要。其次，齐国的都城临淄发展迅速，这里人口集聚，各类活动繁多，也为学宫的设立提供了适宜的场所。再者，齐国自建国以来，十分注重养士。他们懂得礼贤下士，久而久之也就形成了规模化、组织化、制度化。正是在这些条件的共同催化下，稷下学宫应运而生。

齐国统治者广招天下贤士，将他们集中在这里学习。虽然这些人来自不同的学派，思想主张各不相同，但是在这里，一切的不同都被包容、允许存在。他们互相交流、辩论，极力宣传自己学派的思想理论。一时间稷下学宫成了士大夫们向往的圣地。

当时，齐王不仅给那些在稷下学宫讲学的人任命了官职——上大夫，还为他们建了豪华的府邸供其居住。齐王还鼓励他们著书立说，议论国事。那时，诸子百家的许多代表人物都曾在稷下学宫讲过学，诸如后世所熟知的孟子、荀子等也曾在这里任职、授学。

此外，稷下学宫诞生了中国历史上第一个规范和管理学生行为的准则——《弟子职》。该准则中，从尊师重道到衣食住行，从讲堂授教到课外学习，都做出了十分详细且严格的规定。后来，这一准则也广为流传，影响深远。

总的来说，稷下学宫是战国时期诸子百家争鸣的场所，对我国古代文化学术、教育等的发展发挥了重要的作用。

# 荀 子

荀子，名况，字卿，战国末期赵国人，他是战国时期最后一位影响深远的儒学大师。他曾在齐国稷下学宫著书讲学，但由于其思想不被当时的齐国统治者所采纳，而后选择离开，他辗转来到了楚国。恰逢春申君黄歇正在招贤纳士，于是他被任命为兰陵令一职。直到公元前238年，春申君被杀，荀子也被免官。此后，他一直定居兰陵，直至去世。

他所著的《荀子》一书，又名《荀卿子》，集中体现了他的学术主张和理论思想。此书共三十二篇，多为说理文。每一篇文章都围绕着一个主题展开论述。在论证时，他十分善于用比喻和引证来阐释，逻辑严谨，条理清晰。可以说，此书具有很强的系统性。

而在具体的内容上，首先，荀子强调“礼”在社会中的规范作用。对他而言，“礼”不仅是一个人人生的最高准则，而且也是治理国家的最高准则。其次，他反对孟子的性善论，首倡性恶论。在他看来，人的道德品质是后天形成的，是环境影响和教育的结果。因此他更加注重后天教育的重要性。再者，他也是一位杰出的唯物主义思想家，他言“天行有常”，他不信鬼神，他提出了“制天命而用之”和“人定胜天”的命题。在他而言，宇宙存在着不以人们意志为转移的规律，人可以利用自然、改造自然。

总之，荀子在儒家思想中是独树一帜的存在。我们所熟知的“法家”大师，像韩非子、李斯都曾师从荀子。

# 神医扁鹊

扁鹊，战国时期名医，本名秦越人。“扁鹊”一名实则是因他医术高超，所以人们就用之前神医的名字称呼他，久而久之，便流传了下来。他也是中国历史上第一位有传记的医学家。

少年时期的扁鹊在一家客馆里做管理工作，也是在那里，他认识了长桑君。长桑君是客馆的常客，扁鹊对他十分尊重，因此二人很快熟识。一天，长桑君与扁鹊正在闲谈。突然，长桑君神神秘秘地对扁鹊说道：“我这里有一个秘方，因与你交好所以打算托付给你，但是你千万不要告诉其他人啊。”在扁鹊看来，得长桑君如此信任，必然会小心保护的。于是，他允诺道：“一定。”正是通过这个契机，他的医术得到了质的飞跃。

后来，扁鹊周游各国，为人治病。有一次，他路过虢国。听闻虢国太子刚去世不久，但死因十分蹊跷。于是，扁鹊来到了宫墙外，询问守兵，太子死前的症状等。听了守兵的叙述后，扁鹊大惊，连忙让他传话，说自己有能力救活太子。

原来，太子并不是真正死亡，而是患上了一种会突然昏倒的“尸厥”症。

扁鹊用针灸刺穴，加上药物的调理，不久便让原先躺着的太子坐了起来。几天后，原本已经“死亡”的太子竟然恢复如初。人们都惊讶不已，街头巷尾也都在传说扁鹊的医术可令人起死回生。

事实上，扁鹊除了医术高超外，也十分善于通过“察言观色”来诊断人的健康与否。当时，扁鹊声名鹊起，齐桓公听闻扁鹊恰巧也在齐国，便设宴招待。扁鹊一见到齐桓公，就觉得他的气色十分不好，便好心提醒他，要尽快就医。齐桓公自恃身体健康，根本没有把扁鹊的话放在心上。期间，扁鹊又见了齐桓公几次，每次相见，扁鹊都会提醒齐桓公早日医治。可是，齐桓公根本不相信扁鹊，认为他在故弄玄虚，十分不悦。不料齐桓公和扁鹊最后一次碰面时，扁鹊却什么话也没有说。

齐桓公十分疑惑，便问扁鹊缘由。扁鹊答道："如今大王已经是病入膏肓，药石无医了。"不久，齐桓公果真病倒了，而且病情也越发严重。齐桓公这时才恍然大悟，但一切为时已晚，他连忙派人召见扁鹊，此时扁鹊早已离开。不久，齐桓公便病逝了。

后来，扁鹊辗转来到了秦国。当时，秦国正在广招天下贤士，扁鹊也受到了重用。他还帮秦武王治好了长久的腰疼之病，受到秦武王的刮目相看，意欲封他太医令一职，也因此得罪了原本秦国的太医令，最终被害死了。

| | |
|---|---|
| 公元前770年 | 周平王东迁洛邑，东周开始，历史进入春秋时期 |
| 公元前722年 | 郑伯克段于鄢 |
| 公元前707年 | 繻葛之战 |
| 公元前704年 | 熊通自立为“楚武王”，成为诸侯中僭号称王的第一人 |
| 公元前694年 | 鲁桓公被杀 |
| 公元前685年 | 齐桓公即位，任用管仲为相 |
| 公元前684年 | 齐鲁长勺之战；曹刿论战 |
| 公元前655年 | 晋国从虞国借道消灭了虢国，又灭掉了虞国 |
| 公元前651年 | 晋献公病逝 |
| 公元前643年 | 齐桓公去世 |
| 公元前639年 | 楚、齐、宋三国在齐国鹿上会盟。宋襄公被楚所俘 |
| 公元前636年 | 在外整整流亡了十九年的重耳回到晋国，成为国君，史称“晋文公” |
| 公元前632年 | 城濮之战，晋文公称霸 |
| 公元前628年 | 晋文公因病去世，其子姬欢继承王位，史称晋襄公 |
| 公元前613年 | 楚庄王即位 |
| 公元前579年 | 第一次弭兵之盟 |
| 公元前546年 | 第二次弭兵之盟 |

| | |
|---|---|
| 公元前536年 | 子产在郑国实行“铸刑鼎” |
| 公元前515年 | 专诸刺吴王僚，公子光即位为王，史称吴王阖闾 |
| 公元前496年 | 夫差继承父位，成为吴王 |
| 公元前473年 | 勾践再次举兵伐吴，夫差自杀身亡，勾践也成了春秋时期最后一位霸主 |
| 公元前458年 | 智、韩、赵、魏四家联合，将范氏和中行氏两家成功灭亡 |
| 公元前453年 | 韩、赵、魏三家灭智 |
| 公元前406年 | 李悝被魏文侯任用为相，着手变法事宜 |
| 公元前403年 | 周威烈王承认韩、赵、魏为诸侯 |
| 公元前386年 | 楚悼王任命吴起为令尹，着手楚国变法一事 |
| 公元前381年 | 楚悼王逝世，吴起被杀 |
| 公元前362年 | 秦孝公继位 |
| 公元前356年 | 秦孝公任命商鞅为左庶长，着手秦国变法之事 |
| 公元前354年 | 围魏救赵；申不害被韩昭侯任命为相 |
| 公元前341年 | 齐魏马陵之战，魏将庞涓自刎而死 |
| 公元前338年 | 秦孝公去世，太子即位，史称“秦惠文王”，商鞅被杀 |
| 公元前323年 | 楚魏襄陵之战 |
| 公元前325年 | 赵肃侯去世，年仅十五岁的赵武灵王继位 |
| 公元前311年 | 在赵武灵王和秦惠王的帮助下，燕公子职回国继承王位，史称“燕昭王” |
| 公元前284年 | 乐毅破齐 |
| 公元前279年 | 秦国大将白起率军攻克楚国，成功占领了楚国都城，屈原投江 |
| | 秦赵惠渑池会晤 |
| 公元前266年 | 赵惠文王去世，其子丹即位，史称赵孝成王 |
| | 秦昭襄王任命范雎为相 |

| | |
|---|---|
| 公元前263年 | 楚太子熊完顺利登上了王位，史称“楚考烈王”<br>任命黄歇为楚国令尹，封他为春申君 |
| 公元前260年 | 长平之战 |
| 公元前251年 | 栗腹为燕攻赵 |
| 公元前238年 | 嬴政顺利铲除了铲除了嫪毐和吕不韦势力，开始亲政 |
| 公元前230年 | 韩王安被俘，韩国被秦所灭 |
| 公元前223年 | 楚王负刍被秦俘，楚国遂亡 |
| 公元前222年 | 秦灭燕国、赵国 |
| 公元前221年 | 秦灭齐国，战国结束，秦国一统六国 |